MON CARNET DE BLAGUES

Pour survivre à la vie
(et procrastininer efficacement)

200 BLAGUES ET HISTOIRES HILARANTES

BLAGUE 1

UN GAMIN, PERPÉTUELLEMENT

INQUIET, DEMANDE À SES 

PARENTS : 

- EST-CE QUE J'AI ÉTÉ ADOPTÉ ?

- PAS ENCORE. NOUS N'AVONS

MIS L'ANNONCE QU'HIER!

BLAGUE 2

TOTO RENTRE DE L'ÉCOLE, VISIBLEMENT CONTENT

DE LUI. IL DIT À SES PARENTS :

- AUJOURD'HUI, GRÂCE À MOI, LA MAÎTRESSE NOUS

A APPRIS PLEIN DE MOTS NOUVEAUX!

- C'EST BIEN, MON FILS, RÉPOND LE PÈRE. MAIS

QU'AS-TU FAIT POUR ÇA ?

- OH, PAS GRAND'CHOSE! J'AI SEULEMENT MIS

TROIS OU QUATRE PUNAISES SUR SA CHAISE! 

BLAGUE 3

UN COUPLE A CONFIÉ SON PERROQUET À DES VOISINS, POUR POUVOIR PARTIR EN VACANCES. PUIS, IL VIENT LE RÉCUPÉRER.

LE MARI DEMANDE :

- ALORS, COMMENT ÇA S'EST PASSÉ ? J'ESPÈRE QU'IL NE VOUS A PAS CAUSÉ DE DÉSAGRÉMENTS ?

- OH, MAIS NON! PAS DU TOUT, IL EST GENTIL CE PETIT ANIMAL!

RASSURÉ, LE COUPLE RENTRE CHEZ LUI. MAIS À PEINE INSTALLÉ SUR SON PERCHOIR, LE PERROQUET SE MET À HURLER :

- SALE BESTIOLE! VIVEMENT QUE CES IMBÉCILES VIENNENT TE RECHERCHER!

BLAGUE 4

UN GARS DIT À SON VOISIN :

- UN CONSEILLER MUNICIPAL A FAIT DU PORTE À PORTE CE MATIN. IL DEMANDAIT SI ON VOULAIT BIEN FAIRE UN DON POUR LA CONSTRUCTION DE LA PISCINE MUNICIPALE.

- AH ? TU LUI AS DONNÉ QUELQUE CHOSE ?

-OUI, UN LITRE D'EAU!

BLAGUE 5

UN JEUNE DIT À SON POTE :

-ÇA Y EST! J'AI UNE NOUVELLE COPINE!

- SUPER. ELLE A QUEL ÂGE ?

- OH...UNE PETITE CINQUANTAINE.

- LA CINQUANTAINE ? T'ES MALADE...ELLE POURRAIT ÊTRE TA MÈRE!

-SÛREMENT PAS! C'EST LA TIENNE!

BLAGUE 6

DANS UN COMPARTIMENT DE TRAIN, UN GARS LÂCHE ACCIDENTELLEMENT UN PET SONORE.

IL NE SE DÉMONTE PAS, ET IL JOINT SES DEUX MAINS EN CROISANT LES DOIGTS ET EN CLAQUANT SES PAUMES L'UNE CONTRE L'AUTRE POUR IMITER LE BRUIT D'UN PET.

 UN TYPE LUI DEMANDE :

-ET POUR L'ODEUR, VOUS ALLEZ FAIRE COMMENT ?

BLAGUE 7

UN GARS APPELLE LES SECOURS LE SOIR :

- J'AI BESOIN D'AIDE! JE SUIS SEUL CHEZ MOI,

FACE À 12 LITRES DE PINARD À 14 °!

NE ME LAISSEZ PAS TOMBER, JE VOUS EN

SUPPLIE.

- BIEN SÛR, MONSIEUR, NOUS SOMMES LÀ

POUR VOUS AIDEZ. QUE POUVONS-NOUS

FAIRE ?

-VOUS POURRIEZ M'AMENER UN TIRE-

BOUCHON ?

BLAGUE 8

LA MAÎTRESSE DEMANDE À TOTO:

-TOTO TU SAIS CE QUE C'EST UN CERCLE VICIEUX

-OUI C'EST QUAND JE DIS LA VÉRITÉ ... ET QU'ON

ME PUNIT QUAND MÊME.

BLAGUE 9

DANS UN BUREAU, UNE SECRÉTAIRE DIT À SA COLLÈGUE :
- QU'EST-CE QUE JE SUIS FATIGUÉE EN CE MOMENT. JE PRENDRAIS BIEN QUELQUES JOURNÉES DE VACANCES, MAIS LE PATRON NE VOUDRA JAMAIS! ALORS, AVANT QU'IL NE PASSE NOUS VOIR, JE VAIS M'ACCROCHER À LA LAMPE DU PLAFOND. IL ME CROIRA FOLLE ET AINSI JE POURRAI ME METTRE EN MALADIE!
QUAND LE PATRON ENTRE, IL VOIT LA SECRÉTAIRE AU PLAFOND ET IL LUI DEMANDE :
- QUE FAITES-VOUS LÀ-HAUT, MADEMOISELLE ?
- JE SUIS LA LAMPE QUI ÉCLAIRE LA PIÈCE!
- OH...ÇÀ, N'A PAS L'AIR D'ALLER, VOUS. RENTREZ CHEZ VOUS ET PRENEZ QUELQUES JOURS DE REPOS!
LA FILLE PREND SES AFFAIRES ET S'EN VA, SUIVIE DE SA COLLÈGUE BLONDE. LE PATRON DEMANDE :
- HÉ, VOUS! OÙ ALLEZ-VOUS ?
-BEN, JE M'ARRÊTE AUSSI. JE NE POURRAI JAMAIS TRAVAILLER DANS LE NOIR!

BLAGUE 10

UNE DAME D'UN CERTAIN ÂGE ENTRE DANS LE CABINET DU MÉDECIN, L'AIR INQUIET.
— DOCTEUR, J'AI UN PROBLÈME TRÈS ÉTRANGE... DEPUIS QUELQUES JOURS, CHAQUE FOIS QUE JE FAIS UN ROT, J'ENTENDS UN BRUIT BIZARRE DANS MON OREILLE GAUCHE.
LE MÉDECIN FRONCE LES SOURCILS :
— UN ROT... ET VOTRE OREILLE ?
— OUI, COMME UN PETIT CLAC ! MÉTALLIQUE...
IL L'EXAMINE LONGUEMENT, REGARDE SES OREILLES, SON NEZ, SA GORGE... PUIS IL DIT :
— MADAME, CE N'EST PAS BIEN GRAVE.
— OUF... VOUS ÊTES SÛR ?
— OUI. CE N'EST PAS L'OREILLE QUI DÉCONNE... C'EST VOTRE DENTIER QUI APPLAUDIT!

BLAGUE 11

UN GARS ABORDE UNE JOLIE JEUNE FEMME DANS UN SUPERMARCHÉ. SURPRISE, ELLE LUI DEMANDE :

- QUE ME VOULEZ-VOUS ?

- OH, JUSTE VOUS PARLER QUELQUES INSTANTS.

- VOUS VOULEZ ME DRAGUER, OU QUOI ? NON, PAS DU TOUT. J'AI PERDU MA FEMME DANS LE MAGASIN. EN GÉNÉRAL, IL SUFFIT QUE JE PARLE À UNE JOLIE JEUNE FEMME, ET ELLE RAPPLIQUE DANS LES DIX SECONDES!

BLAGUE 12

LE CURÉ DEMANDE À TOTO :

- TOTO, EST-CE QUE TU FAIS BIEN TA PRIÈRE AVANT DE MANGER ?

-NON, MONSIEUR LE CURÉ, JE N'AI PAS BESOIN DE FAIRE UNE PRIÈRE. MAMAN FAIT TRÈS BIEN LA CUISINE!

BLAGUE 13

LA MAÎTRESSE A DONNÉ À SES ÉLÈVES UNE RÉDACTION À FAIRE À LA MAISON, SUR LE THÈME : PARLEZ-MOI DE VOTRE ANIMAL DE COMPAGNIE. DEUX JOURS PLUS TARD, ELLE DEMANDE À TOTO :

- TOTO, PEUX-TU M'EXPLIQUER LA RAISON POUR LAQUELLE TU AS FAIT EXACTEMENT LA MÊME RÉDACTION QUE TON FRÈRE, ET MOT POUR MOT, EN PLUS!

- BEN, M'DAME, C'EST POURTANT SIMPLE À COMPRENDRE. NOUS AVONS EXACTEMENT LE MÊME CHAT!

BLAGUE 14

DANS UN BUS UNE JEUNE FEMME À LA POITRINE OPULENTE DEMANDE À UN HOMME:

-POUVEZ VOUS M'AIDEZ À RETIRER UN TRUC SUR MA POITRINE S'IL VOUS PLAIT?

-OUIIII OUI OUI , RÉPOND L'HOMME GENÉ.

QU'EST CE QUE C'EST ?

-VOS YEUX!!!!!

BLAGUE 15

UN VIEUX MONSIEUR ENTRE DANS UNE PHARMACIE, L'AIR DÉCIDÉ.

— BONJOUR. JE VOUDRAIS DU DENTIFRICE, DES PANSEMENTS... ET DES PRÉSERVATIFS.

LE PHARMACIEN LE REGARDE, SURPRIS :

— AH OUI ? À VOTRE ÂGE, MONSIEUR, VOUS COMPTEZ ENCORE SÉDUIRE ?

LE VIEUX LUI RÉPOND AVEC UN SOURIRE :

— NON, NON. C'EST JUSTE POUR QUE MA CANNE NE GLISSE PAS QUAND JE LA POSE AU BAR.

BLAGUE 16

TROIS AMIS DISCUTENT DE POLITIQUE.

LE PREMIER DIT :

— CHEZ NOUS, UN TYPE SANS IDÉE A FINI MINISTRE.

LE SECOND :

— CHEZ NOUS, UN GARS SANS EXPÉRIENCE EST DEVENU MAIRE.

LE TROISIÈME :

— CHEZ NOUS, ON A MIS TOUS LES CV À LA POUBELLE... ET TIRÉ UN NOM AU HASARD. IL EST PRÉSIDENT.

BLAGUE 17

UN RÉGIMENT DE PARACHUTISTES TERMINE UNE FORMATION INTENSE. L'INSTRUCTEUR LES RASSEMBLE :

— BRAVO LES GARS. MAINTENANT, LA DERNIÈRE ÉPREUVE. CE SOIR, VOUS SAUTEZ DE NUIT, SANS LUMIÈRE, ET VOUS DEVEZ ATTERRIR DANS UNE PETITE CLAIRIÈRE.

— ET SI ON RATE ? DEMANDE UN JEUNE.

— ALORS VOUS SEREZ BONS POUR RETROUVER VOS CHAUSSETTES AVEC UNE CUILLÈRE À SOUPE.

LES PARAS SAUTENT. L'UN D'EUX ATTERRIT DANS UN ARBRE. IL SE RÉVEILLE À L'HÔPITAL, TOUT PLÂTRÉ.

LE MÉDECIN ENTRE :

— VOUS AVEZ EU DE LA CHANCE, SOLDAT. PLUS DE PEUR QUE DE MAL.

— J'AI MAL PARTOUT...

— VOUS ÊTES TOMBÉ DE DIX MÈTRES... DANS UN CHÊNE CENTENAIRE.

— ET MON PARACHUTE ?

— AH, IL A BIEN FONCTIONNÉ. C'EST JUSTE QUE... VOUS AVIEZ SAUTÉ DANS LE MAUVAIS SENS.

BLAGUE 18

- PAPA, QU'EST-CE QUE JE POURRAIS OFFRIR À MA COPINE, POUR SON ANNIVERSAIRE?

- OFFRE-LUI TON COEUR.

- NON, UN TRUC QU'ELLE N'A PAS DÉJÀ EU. DU PLAISIR?

BLAGUE 19

LA MAÎTRESSE DEMANDE À TOTO :

- TOTO, SI TA MAMAN MET 6 EUROS DANS TA POCHE POUR ALLER ACHETER DU PAIN, ET QU'EN COURS DE ROUTE TU EN PERDS 2, QU'EST-CE QUE TU AS DANS TA POCHE ?

BEN, UN TROU!

BLAGUE 20

UN GARS, UN PEU VANTARD, DIT À SES COPAINS :

- MOI, LES FEMMES M'ONT TOUJOURS RÉUSSI!

 UN DES POTES LUI RÉTORQUE :

À PART CELLE QUI T'A ÉLEVÉ !

BLAGUE 21

UN HOMME COURT EN HURLANT DERRIÈRE UN
BUS QUI COMMENCE À DÉVALLER UNE
DESCENTE LE LONG D'UNE FALAISE :
- HÉ ! ARRÊTER CE BUS !
- NE VOUS FATIGUER PAS, VOUS NE LE
RATTRAPEREZ JAMAIS LUI DIT UN PASSANT.
- C'EST EMBÊTANT, C'EST MOI LE CHAUFFEUR !

BLAGUE 22

LA MAÎTRESSE DIT AUX ÉLÈVES :

— AUJOURD'HUI, ON VA APPRENDRE À FAIRE DES COMPARAISONS. CHACUN VA ME DIRE À QUOI IL RESSEMBLE !

JULIE LÈVE LA MAIN :

— MOI, JE SUIS COMME UNE GAZELLE, MAÎTRESSE ! JE COURS VITE ET J'ADORE SAUTER PARTOUT.

— BRAVO JULIE. ET TOI, PIERRE ?

— MOI JE SUIS COMME UN HIBOU, PARCE QUE JE SUIS SAGE ET JE VOIS BIEN DANS LE NOIR.

— TRÈS BIEN, PIERRE ! ET TOI, TOTO ?

TOTO SE LÈVE, LES BRAS CROISÉS :

— MOI, JE SUIS COMME UN CROCODILE.

— AH BON ? POURQUOI UN CROCODILE ?

— BEN, J'AI PLEIN DE DENTS, JE MORDS QUAND ON M'EMBÊTE...

ET EN PLUS, J'AI LES YEUX QUI PLEURENT MÊME QUAND JE FAIS DES BÊTISES.

— HMMM... ET QU'EST-CE QUE TU AS FAIT COMME BÊTISE, TOTO ?

— J'AI MANGÉ LE POISSON ROUGE DE MA SŒUR.

BLAGUE 23

UN GARS TENTE DE DRAGUER UNE FILLE, EN BOÎTE :

- ON ÉCHANGE NOS NUMÉROS ?

NON, J'AIME BEAUCOUP LE MIEN, MERCI!

BLAGUE 24

UNE VOYOU DIT À SES POTES :

-QUAND L'EURO EST ARRIVÉ, EN 2002, J'AVAIS 12 ANS. JE ME SOUVIENS QUE MA MÈRE M'ENVOYAIT À L'ÉPICERIE AVEC UN BILLET DE 10 €, ET JE RAMENAIS 5 KILOS DE PATATES, DE L'HUILE, DOUZE ŒUFS, 4 STEAKS, UN POULET, DES BOISSONS ET MÊME DES PAQUETS DE BONBONS. AUJOURD'HUI, TOUT ÇA N'EST PLUS POSSIBLE AVEC TOUTES CES FICHUES DE CAMÉRAS!

BLAGUE 25

DEUX ROULEAUX DE PAPIER TOILETTE DISCUTENT DANS LES TOILETTES PUBLIQUES.

L'UN DIT À L'AUTRE :

— TU TROUVES PAS QU'ON MÈNE UNE VIE DE M***** ?

L'AUTRE RÉPOND :

— PEUT-ÊTRE... MAIS AU MOINS, ON EST INDISPENSABLES.

BLAGUE 26

(LISEZ CETTE PETITE BLAGUE DE HAUT EN BAS)

ELLE : SALUT !

LUI : AH, DEPUIS LE TEMPS QUE J'ATTENDS ÇA !

ELLE : TU VEUX QUE JE PARTE ?

LUI : NON. JE N'OSE MÊME PAS Y PENSER.

ELLE : TU M'AIMES ?

LUI : BIEN SÛR ! ÉNORMÉMENT !

ELLE : TU M'AS DÉJÀ TROMPÉE ?

LUI : NON ! POURQUOI DEMANDES-TU ÇA ?

ELLE : TU VEUX M'EMBRASSER ?

LUI : CHAQUE FOIS QUE J'EN AURAI L'OCCASION.

ELLE : TU ME TROMPERAS UN JOUR ?

LUI : TU ES FOLLE ? JAMAIS DE LA VIE.

ELLE : JE PEUX TE FAIRE CONFIANCE ?

LUI : OUI.

ELLE : CHÉRI !

(MAINTENANT DE BAS EN HAUT)

BLAGUE 27

LA MAÎTRESSE DEMANDE À TOTO :

- DIS-MOI, TOTO, TU ES LE SEUL À NE PAS AVOIR RENDU TON DEVOIR DE MATHS, HIER! POURQUOI ?

- CELUI OÙ IL FALLAIT CALCULER L'HEURE D'ARRIVÉE EN GARE, DU TRAIN ?

- OUI.

-BEN, POUR M'AIDER J'AI APPELÉ LA S.N.C.F. EUX-MÊMES NE SAVAIENT MÊME PAS À QUELLE HEURE IL ALLAIT PARTIR!

BLAGUE 28

C'EST UNE FEMME QUI A ACCOUCHÉ DE 2 BEAUX BÉBÉS, DES JUMEAUX, CEPENDANT, ELLE PLEURE À N'EN PLUS FINIR ! L'INFIRMIÈRE LUI DIT ALORS :

- MAIS VOYONS MADAME ! POURQUOI PLEUREZ-VOUS ? VOUS ÊTES MAINTENANT MÈRE DE 2 BEAUX BÉBÉS, EN BONNE SANTÉ !

- JE SAIS, RÉPOND ELLE, MAIS JE VAIS DEVOIR RETROUVER LE PÈRE DU DEUXIÈME

BLAGUE 29

UN HOMME ENTRE DANS UNE ANIMALERIE ET DEMANDE :

— JE CHERCHE UN ANIMAL DE COMPAGNIE PAS CHER, FACILE À NOURRIR, ET SURTOUT… QUI NE PREND PAS TROP DE PLACE.

LE VENDEUR RÉPOND :

— J'AI EXACTEMENT CE QU'IL VOUS FAUT.

ET IL LUI TEND… UNE PHOTO DE POISSON ROUGE.

BLAGUE 30

LA MAÎTRESSE DEMANDE À TOTO :

— SI TU AVAIS À CHOISIR ENTRE L'INTELLIGENCE
ET UN MILLION D'EUROS, QUE CHOISIRAIS-TU ?

TOTO RÉFLÉCHIT ET DIT :

— UN MILLION D'EUROS !

LA MAÎTRESSE SOUPIRE :

— MOI, À TA PLACE, J'AURAIS CHOISI
L'INTELLIGENCE...

ET TOTO RÉPOND :

— CHACUN CHOISIT CE QUI LUI MANQUE,
MAÎTRESSE.

BLAGUE 31

DEUX MAISONS IDENTIQUES SONT VENDUES AU
MÊME PRIX.

L'UNE EST ACHETÉE PAR UN NOTAIRE, L'AUTRE PAR
UN TYPE SIMPLE, SANS PRÉTENTION.

UN JOUR, ILS DISCUTENT :

— JE SUIS CONTENT DE MA MAISON, DIT LE TYPE.

— MOI AUSSI, DIT LE NOTAIRE, MAIS LA MIENNE VAUT
SÛREMENT LE DOUBLE DE LA VÔTRE.

— AH BON ? POURQUOI ?

— PARCE QUE MOI, J'AI UN NOTAIRE COMME VOISIN

BLAGUE 32

UN ENFANT ÉCRIT AU PÈRE NOËL :

— CHER PÈRE NOËL, CETTE ANNÉE J'AI ÉTÉ TRÈS SAGE. J'AIMERAIS UN VÉLO.

LE PÈRE NOËL RÉPOND :

— SI T'AS ÉTÉ SAGE, POURQUOI T'AS MIS DU SCOTCH SUR LA CAMÉRA DU SALON ?

BLAGUE 33

UNE FILLE DEMANDE :

— TU M'AIMES POUR MON CORPS OU POUR MON ESPRIT ?

IL RÉPOND :

— FRANCHEMENT ? J'AIME BEAUCOUP TES CHAUSSURES.

ET... QUAND TU ME PRÊTES TON CHARGEUR, JE T'AIME ENCORE PLUS.

BLAGUE 34

UN GARS RACONTE À SES POTES :

-L'AUTRE JOUR UNE AMIE M'A DIT : "POUR LA SAINT VALENTIN, J'AIMERAIS QUE TU ME SURPRENNES!".
MISSION ACCOMPLIE, JE LUI AI PRÉSENTÉ MA FEMME!

BLAGUE 35

LE PÈRE DE TOTO LUI DEMANDE :
- TOTO, POUR LA RENTRÉE, ÇA TE PLAIRAIT D'ÊTRE DANS UNE ÉCOLE PRIVÉE ?
-BEN, HONNÊTEMENT, CE QUI ME PLAIRAIT LE PLUS, C'EST D'ÊTRE PRIVÉ D'ÉCOLE !

BLAGUE 36

UN HOMME RENTRE À LA MAISON APRÈS ÊTRE

ALLÉ CHEZ LE MÉDECIN. SA FEMME DEMANDE :

- ALORS ? QU'A DIT LE DOCTEUR ?

-J'AI UNE BONNE ET UNE MAUVAISE NOUVELLE.

LA MAUVAISE, C'EST QUE J'AI DES

CHAMPIGNONS SUR LE GLAND. LA BONNE,

C'EST QU'ILS SONT COMESTIBLES!

BLAGUE 37

EN PLEINE RUE, TOTO SE MET À PLEURER. UNE DAME LUI
DEMANDE :
- MAIS POURQUOI PLEURES-TU COMME CELA MON
GARÇON ?
- J'AI ENVIE DE FAIRE PIPI, MAIS JE N'Y ARRIVE PAS!
- EH BIEN, VA DERRIÈRE CET ARBRE. CELA DEVRAIT
ALLER!
- MAIS NON, J'Y ARRIVE PAS. A LA MAISON, MON PAPA ME
CHANTE TOUJOURS UNE CHANSON POUR ME FAIRE
PISSER!
 - BON BEN...VA DERRIÈRE L'ARBRE ET JE TE CHANTE
UNE CHANSON.
 TOTO SE MET DERRIÈRE L'ARBRE ET LA DAME SE MET À
CHANTER " IL EST VENU LE TEMPS DES CATHÉDRALES...!"
ALORS TOTO PLEURE ENCORE DEUX FOIS PLUS FORT.
- MAIS, MON PETIT, POURQUOI HURLES-TU MAINTENANT.
JE T'AI POURTANT CHANTÉ UNE CHANSON!
- OUI, MAIS C'EST CELLE QUE MON PÈRE CHANTE POUR
ME FAIRE CH***!

BLAGUE 38

MADAME LIT UN PEOPLE, TANDIS QUE MONSIEUR SOMNOLE DANS SON FAUTEUIL. SOUDAIN, ELLE DIT :

- ECOUTE ÇA, ROBERT. UNE ACTRICE AMÉRICAINE PRÉTEND AVOIR EU PLUS DE 6000 PARTENAIRES ! MAIS OÙ VA LE MONDE ?

- BEN...DANS SON LIT.. APPAREMMENT!

BLAGUE 39

UN TYPE RENTRE DANS UNE PHARMACIE, VISIBLEMENT TENDU.

LE PHARMACIEN LUI DEMANDE :

— BONJOUR MONSIEUR, QUE PUIS-JE FAIRE POUR VOUS ?

— VOUS AVEZ QUELQUE CHOSE CONTRE LE STRESS ?

— BIEN SÛR, VOUS PRÉFÉREZ QUOI ? DES PLANTES, DES HUILES ESSENTIELLES, UN TRAITEMENT CIBLÉ ?

— NON, JE VOULAIS SAVOIR SI VOUS AVIEZ UNE PIÈCE VIDE, INSONORISÉE...

— INSONORISÉE ?

— OUI. JUSTE UN ENDROIT OÙ JE PEUX HURLER PENDANT DIX MINUTES SANS DÉRANGER PERSONNE. ENSUITE, JE PRENDRAI UN CHEWING-GUM À LA MENTHE ET JE RENTRERAI CHEZ MOI COMME SI DE RIEN N'ÉTAIT

BLAGUE 40

TOTO EST DANS LA SALLE D'ATTENTE DE L'INFIRMERIE D
L'ÉCOLE, EN COMPAGNIE D'UN PETIT CAMARADE QUI
SANGLOTE TRÈS FORT.

- MAIS POURQUOI PLEURES-TU COMME CELA ?
DEMANDE-T-IL.

- JE VIENS POUR UNE ANALYSE DE SANG. ALORS, ON VA
ME COUPER UN BOUT DE DOIGT, C'EST MON GRAND
FRÈRE QUI ME L'A DIT!

 TOTO SE MET À PLEURER, EN HURLANT. L'AUTRE GOSSE
LUI DEMANDE :

- MAIS QU'EST-CE QU'IL T'ARRIVE, À CRIER AUSSI FORT ?

- MOI, JE VIENS POUR UNE ANALYSE D'URINE!

BLAGUE 41

UN HOMME DÉBARQUE AUX URGENCES,
VISIBLEMENT PANIQUÉ.

— DOCTEUR ! IL FAUT M'AIDER, J'AI AVALÉ UNE CLÉ
USB !

— CALMEZ-VOUS. VOUS AVEZ MAL QUELQUE PART ?

— NON, NON, MAIS IL Y AVAIT MON EXPOSÉ DE
DEMAIN DESSUS !

LE MÉDECIN RÉFLÉCHIT UN INSTANT, PUIS DIT :

— TRÈS BIEN. DANS CE CAS… ON VA ATTENDRE QUE
VOTRE MÉMOIRE VOUS REVIENNE.

BLAGUE 42

UNE JEUNE ENVOIE UN TEXTO À SON PETIT COPAIN :
- JE SUIS NULLE EN ANGLAIS, MAIS JE SAIS TE DIRE "I LOVE YOU". JE SUIS NULLE EN MATH, MAIS JE SAIS COMBIEN TU COMPTES POUR MOI! JE SUIS NULLE EN GÉOGRAPHIE, MAIS JE SAIS OÙ EST TA PLACE DANS MON CŒUR!
 RÉPONSE DU GARS :
- JE SUIS NUL EN BIOLOGIE ET EXPLORATION, MAIS JE SAIS BIEN COMMENT TE DONNER DES FRISSONS

BLAGUE 43

LA MAÎTRESSE :
— DEMAIN, VOUS PARLEREZ D'UNE HISTOIRE VÉCUE PAR VOS PARENTS, AVEC UNE MORALE.

TOTO, LE LENDEMAIN :
— MON PÈRE M'A RACONTÉ QUE MAMAN, QUAND ELLE ÉTAIT PILOTE DE CHASSE, S'EST CRASHÉE AU TCHAD. ELLE AVAIT UN COUTEAU, UN PISTOLET... ET UNE BOUTEILLE DE WHISKY. ELLE A BU LA BOUTEILLE, PUIS A ATTERRI AU MILIEU DE VINGT REBELLES. ELLE EN A NEUTRALISÉ DOUZE AVEC SON ARME, QUATRE AVEC LE COUTEAU... ET LES DERNIERS À MAINS NUES !

LA MAÎTRESSE, SIDÉRÉE :
— ET LA MORALE, TOTO ?
— QUAND MAMAN A UN PEU BU... VAUT MIEUX PAS LA CONTREDIRE.

BLAGUE 44

DANS QUEL ENDROIT UN ENFANT DE HUIT ANS EST CAPABLE DE FAIRE 3000 POMPES EN 16 HEURES ?

DANS UNE FABRIQUE DE CHAUSSURES EN CHINE!

BLAGUE 45

FAITS DIVERS :
UN FARCEUR IMPÉNITENT, MALADE ET SE SACHANT CONDAMNÉ, VIENT D'AVALER DEUX KILOS DE MAÏS, JUSTE AVANT DE MOURIR, DANS LE BUT DE METTRE L'AMBIANCE AU CRÉMATORIUM.

BLAGUE 46

- ALLO ?
- BONJOUR MONSIEUR, JE SUIS LA DIRECTRICE DE L'ÉCOLE DE VOTRE FILS. JE ME PERMETS DE VOUS APPELER POUR VOUS SIGNALER QU'IL MENT À LONGUEUR DE JOURNÉE. QU'EN DITES-VOUS ?
- IL DOIT ÊTRE GÉNIAL, CE GAMIN. JE N'AI PAS DE FILS!

BLAGUE 47

UN ENFANT DEMANDE À SON PÈRE :

— PAPA, QU'EST-CE QUI FAIT TENIR UN COUPLE ?

— LA MAMAN, ELLE A LA SERRURE... ET PAPA, IL A LA CLÉ DE LA PORTE DU BONHEUR... VERS LE PARADIS.

— AH... ALORS DU COUP, LE VOISIN, J'AI L'IMPRESSION QU'IL A UN DOUBLE, LUI.

BLAGUE 48

LAGUERRE ET LAFERME CHASSENT DANS LA FORÊT.

SOUDAIN, ILS SE PERDENT DE VUE. APRÈS L'AVOIR CHERCHÉ EN VAIN, LAFERME APPELLE LA POLICE :

— POLICE SECOURS, BONJOUR, QUEL EST VOTRE PROBLÈME ?

— J'AI PERDU MON AMI.

— QUEL EST VOTRE NOM ?

— LAFERME.

— PARDON ? VOTRE NOM, MONSIEUR ?

— LAFERME, JE VOUS DIS !

— VOUS CHERCHEZ LA GUERRE ?

— OUI, JUSTEMENT. C'EST LUI QUE JE CHERCHE AUSSI.

BLAGUE 49

TOTO ASSIS JUSTE DERRIÈRE LE CHAUFFEUR DE BUS SE MIT À RECITÉ:

-SI MON PÈRE ÉTAIT UN COQ ET MA MÈRE UNE POULE JE SERAIS UN POUSSIN ; SI MON PÈRE ÉTAIT UN BOEUF ET MA MERE UNE VACHE JE SERAIS UN VEAU...

LE CHAUFFEUR TRÈS EN COLÈRE INTIMA À TOTO DE SE TAIRE. CEPENDANT CELUI-CI CONTINUA EN RIANT:

-SI MON PERE ÉTAIT UN MOUTON ET MA MÈRE UN BREBIS JE SERAIS UN AGNEAU.

LE CHAUFFEUR TRÈS EN COLÈRE LUI DIT CECI:

-SI TON PERE ETAIT UN VOYOU ET TA MÈRE UNE IDIOTE QUE SERAIS-TU?

TOTO RÉPONDIT:

-JE SERAIS CHAUFFEUR DE BUS

BLAGUE 50

- POURQUOI TU ME FIXE ?

- J'AI LE HOQUET

- ET ALORS ?

- J'ESSAYE DE M'FAIRE PEUR ...

BLAGUE 51

-TOTO ARRIVE À L'ÉCOLE UN LUNDI MATIN

....PROFESSEUR : " TOTO, OÙ EST TON DEVOIR DE MATHS ?

TOTO :" IL S'EST SUICIDÉ, MADAME.

"PROFESSEUR :" COMMENT ÇA ?

"TOTO :" IL AVAIT TROP DE PROBLÈMES ...."

BLAGUE 52

C'EST UN HOMME QUI VA A LA PHARMACIE
IL DIT"BONJOUR JE VOUDRAIS UNE CAPOTE
LA PHARMACIENNE REPOND :
-UN PEU MOINS VULGUAIRE S'IL VOUS PLAIT !
IL POSE LA MAIN SUR SA BRINGUETTE ET DIT : 
-UN P'TIT COSTUME POUR MONSIEUR

BLAGUE 53

UN COUPLE SE BALADE SUR LES CHAMPS ÉLYSÉE
QUAND TOUT À COUP LA FEMME S'ARRÊTE NET
DEVANT UNE VITRINE DE ROBES.
ELLE EST ÉMERVEILLÉE PAR UNE ROBE ET LE
FAIT COMPRENDRE À SON MARI ! SON MARI LUI
DEMANDE :
- ELLE TE PLAIT ?
- OH OUI, ELLE EST MAGNIFIQUE !
- SI TU VEUX DEMAIN ON REVIENT ET TU
POURRAS ENCORE LA REGARDER.

BLAGUE 54

TOTO A EU 20/20 EN RÉDACTION ET SA MAITRESSE
LUI DIT:
-TU PEUX ME L'AVOUER, TA MÈRE TA AIDÉE.
-NON, ELLE NE M'A PAS AIDÉE, ELLE LA FAITE
TOUTE SEULE.

$$\frac{20}{20}$$

BLAGUE 55

APRÈS UNE SOIRÉE, UN GARS RAMÈNE SA COPINE CHEZ ELLE, DANS UN QUARTIER TRANQUILLE. AU MOMENT DE S'EMBRASSER POUR SE DIRE BONNE NUIT, IL SE PENCHE VERS ELLE EN SOURIANT, LA MAIN APPUYÉE CONTRE LE MUR, ET LUI DIT :

— MA CHÉRIE... ALLEZ, UN BISOU...

GÊNÉE, ELLE RÉPOND :

— ON POURRAIT NOUS VOIR...

— MAIS QUI VA NOUS VOIR À CETTE HEURE ? ALLEZ...

— NON, NON, JE T'AIME AUSSI, MAIS JE NE PEUX PAS...

— S'IL TE PLAÎT... JE T'EN SUPPLIE...

LA SCÈNE DURE PLUSIEURS MINUTES.

SOUDAIN, LA LUMIÈRE DE L'ESCALIER S'ALLUME. LA SŒUR AÎNÉE DE LA JEUNE FILLE APPARAÎT EN PYJAMA, LES CHEVEUX EN BATAILLE, ET LEUR LANCE D'UNE VOIX ENDORMIE :

— PAPA M'A DIT DE TE DIRE : SOIT TU LUI DONNES CE QU'IL VEUT, SOIT JE LE FAIS. ET SI BESOIN, MAMAN PEUT VENIR LE FAIRE ELLE-MÊME. MAIS PAR PITIÉ... DIS-LUI D'ENLEVER SA MAIN DE L'INTERPHONE.

BLAGUE 56

TOTO FAIT DES MATHS :

-TOTO SI TU AS 10 BONBONS ET QUE MATHIEU T'EN PRENDS UN COMBIEN IL T'EN RESTE ?

- 10 BONBONS ET UN CADAVRE

BLAGUE 57

UN HOMME BRONZE NU SUR UNE PLAGE NATURISTE, UN CHAPEAU POSÉ STRATÉGIQUEMENT.

UNE FEMME PASSE, LE REGARDE ET DIT :

— SI VOUS ÉTIEZ UN VRAI GENTLEMAN, VOUS SOULÈVERIEZ VOTRE CHAPEAU.

L'HOMME SOURIT :

— ET SI VOUS ÉTIEZ CHARMANTE... IL LE FERAIT TOUT SEUL.

BLAGUE 58

LA MAÎTRESSE DIT :

- QUE CELUI QUI SE SENT BÊTE SE LÈVE.ET TOTO SE LÈVE.

-TU TE TROUVES BÊTE TOTO, DEMANDE LA MAÎTRESSE ?

- NON MADAME, RÉPONDIT TOTO SÛR DE LUI, MAIS ÇA ME FAISAIT DE LA PEINE DE VOUS VOIR TOUTE SEULE DEBOUT...

BLAGUE 59

TOTO SI JE TE DONNE 50 GÂTEAUX ET TU EN MANGES 48 , TU AS DONC ?
-MAL AU VENTRE .

BLAGUE 60

UN MATIN, PENDANT QUE LE FILS DÉJEUNE, LE PÈRE LIT LE JOURNAL. SOUDAIN, IL DIT :
-ET DIRE QU'À CHAQUE FOIS QUE JE RESPIRE, DES MILLIERS DE PERSONNES MEURENT...ET LE FILS LUI RÉPOND :
-BAH CHANGES DE DENTRIFICE !

BLAGUE 61

C'EST UNE DAME QUI PROMÈNE SON CHIEN. ELLE CROISE UN MEC QUI LUI DIT :
-BEN ALORS, TU PROMÈNE TA VACHE ?
-MAIS ON MONSIEUR, C'EST UN CHIEN !
-JE SAIS, JE PARLAIS AU CHIEN !

BLAGUE 62

LA MAÎTRESSE INTERROGE TOTO:
-TOTO CITE MOI UN MAMMIFÈRE QUI N'A PAS DE DENTS
-EUH... MA GRAND-MÈRE

BLAGUE 63

L'INSTITUTRICE DEMANDE :
— JIMMY, SI TU ÉTAIS À UN DÎNER AVEC UNE JEUNE FILLE ET QUE TU AVAIS BESOIN D'ALLER AUX TOILETTES, QUE DIRAIS-TU ?
— "ATTENDS, JE VAIS FAIRE PIPI."
— NON, CE N'EST PAS TRÈS ÉLÉGANT. TOTO, MONTRE-LUI.
— "JE VOUS PRIE DE M'EXCUSER UN INSTANT, JE VAIS ME RETIRER... POUR TENDRE LA MAIN À UN AMI QUE J'ESPÈRE VOUS PRÉSENTER APRÈS LE DÎNER."

BLAGUE 64

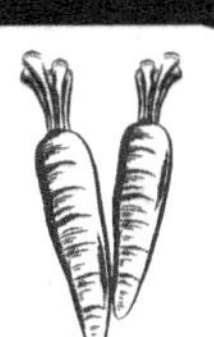

CRÉEZ VOTRE MOT DE PASSE
-CAROTTE
DÉSOLÉ, VOTRE MOT DE PASSE DOIT FAIRE PLUS DE 8 CARACTÈRES
-CARROTEGÉANTE
DÉSOLÉ, VOTRE MOT DE PASSE DOIT CONTENIR UN CHIFFRE
-1CAROTTEGÉANTE
DÉSOLÉ, VOTRE MOT DE PASSE NE DOIT PAS CONTENIR DE CARACTÈRE ACCENTUÉ
-50FICHUESCAROTTESGEANTES
-DÉSOLÉ, VOTRE MOT DE PASSE DOIT CONTENIR AU MOINS UNE MAJUSCULE
-50FICHUESCAROTTESGEANTES
DÉSOLÉ, VOTRE MOT DE PASSE NE DOIT PAS CONTENIR DEUX MAJUSCULES CONSÉCUTIVES
-50FICHUESCAROTTESGEANTESQUEJEVAISTAPERSURLECLAVIERSIVOUSMELAISSEZPASPASSER!
DÉSOLÉ, VOTRE MOT DE PASSE NE DOIT PAS CONTENIR DE CARACTÈRE DE PONCTUATION

ATTENTIONJEVAISFINIRPARCRAQUERAVECVOSHISTOIRESDECAROTTESQUETUPEUXMETTREOUJEPENSE
DÉSOLÉ, CE MOT DE PASSE EST DÉJÀ UTILISÉ

BLAGUE 65

LA MAITRESSE : TOTO, SI TU ÉCRASES LE PIED DE TA MAMIE, MAIS QUE TU DIS " PARDON " GENTIMENT, ET QUE EN GUISE DE REMERCIEMENT, ELLE TE DONNE 2 EUROS. QUE FAIS-TU ?
- JE LUI MARCHE SUR L'AUTRE PIED !

BLAGUE 66

UNE FEMME À SON MARI :
 - CHÉRI, LE ROBINET EST CASSÉ, TU PEUX LE RÉPARER S'IL TE PLAIT ?
- JE SUIS PAS PLOMBIER !
- CHÉRI, IL N'Y A PLUS DE LUMIÈRE DANS LES TOILETTES, TU PEUX LA RÉPARER S'IL TE PLAIT ?
 - JE SUIS PAS ÉLECTRICIEN ! LE LENDEMAIN, LA FEMME DIT :
- CHÉRI, LE VOISIN EST PASSÉ ET IL A TOUT RÉPARÉ !
- ÇA T'A COÛTÉ CHER ?
 - IL M'A PROPOSÉ SOIT DE LUI FAIRE UN GÂTEAU SOIT DE LUI DONNER DE L'AFFECTION.
- ET TU AS FAIS QUOI ?
- BEN JE SUIS PAS PÂTISSIÈRE...

BLAGUE 67

UN HOMME BOUSCULE UNE FEMME DANS LE HALL D'UN HÔTEL.
SON COUDE, BIEN DUR, HEURTE SA POITRINE.
IL S'EXCUSE AUSSITÔT :
— MADAME, SI VOTRE CŒUR EST AUSSI DOUX QUE VOTRE POITRINE, JE SUIS CERTAIN QUE VOUS ME PARDONNEREZ.
ELLE LUI RÉPOND AVEC UN SOURIRE :
— MONSIEUR, SI VOUS ÊTES AUSSI DUR DE PARTOUT QUE L'EST VOTRE COUDE... JE SUIS DANS LA CHAMBRE 221.

BLAGUE 68

- QUELLE EST LA DIFFÉRENCE ENTRE UNE SORCIÈRE, UNE FEMME DE MÉNAGE ET UNE PERSONNE COINCÉE ? L'EMPLACEMENT DU BALAI!

BLAGUE 69

-JE SUIS ALLÉ À LA CHASSE AUJOURD'HUI !
-AH OUAIS ? ET TU AS PRIS QUOI ?
-J'AI PRIS 2 LAPINS, 3 OISEAUX, ET 5 PÂNOUS !
-DES PÂNOUS ? C'EST QUOI ÇA ?
-JE NE SAIS PAS, J'ÉTAIT TROP LOIN POUR LES VOIR, MAIS CE QUE JE SAIS, C'EST QU'ILS CRIAIENT "PÂNOU-PÂNOU" !

BLAGUE 70

LE VENDREDI SOIR, UN GARS VA CHERCHER SA FEMME À SON TRAVAIL. EN RENTRANT À LA MAISON, IL LUI DEMANDE :
- CHÉRIE, ON ESSAIE UNE POSITION DIFFÉRENTE CE WEEK-END ?- D'ACCORD, TU TE METTRAS DERRIÈRE LA TABLE À REPASSER, ET MOI SUR LE CANAPÉ DEVANT LA TÉLÉ!

BLAGUE 71

UN SINGE RENTRE DANS UN BAR ET DEMANDE AU
BARMAN :
"VOUS AVEZ DES BANANES ?
"LE BARMAN :
"NON"
LE SINGE : " VOUS AVEZ DES BANANES ?
"LE BARMAN : "NON JE T'AI DIT
"LE SINGE : "VOUS AVEZ DES BANANES ?
"LE BARMAN : "DEMANDE MOI ENCORE UNE FOIS SI J'AI
DES BANANES ET JE TE SCOTCH AU MUR"
LE SINGE : "VOUS AVEZ DU SCOTCH ?
"LE BARMAN : "NON
"LE SINGE : " VOUS AVEZ DES BANANES ?........"

BLAGUE 72

— MAMAN, POURQUOI PAPA PARLE TOUT SEUL ?
— IL S'ENTRAÎNE.
— À QUOI ?
— À AVOIR LE DERNIER MOT.

BLAGUE 73

UNE NUIT, UN ENFANT OUVRE DISCRÈTEMENT LA PORTE
DE LA CHAMBRE DE SES PARENTS.
IL LES SURPREND EN TRAIN DE FAIRE "DES TRUCS
BIZARRES".
IL REFERME DOUCEMENT, SECOUE LA TÊTE ET
MURMURE :
— ET APRÈS, C'EST MOI QU'ILS VEULENT ENVOYER CHEZ
UN PSY PARCE QUE JE SUCE MON POUCE !

BLAGUE 74

TOTO REÇOIS SON LIVRET DE NOTES ET PEU APRÈS ,
LE MONTRE À SON PÈRE :
 -TOTO ! TON CARNET DE NOTES S'IL TE PLAÎT ...
-NON ! IL EST COMME UN OIGNON DE TOUTE FAÇON !
-DE QUOI ?!
 -TU L'OUVRES ET TU PLEURES !

BLAGUE 75

LE PROFESSEUR DEMANDE A LA CLASSE DE RENDRE
LES DEVOIR-MAISON ET PASSE DANS LES REND
POUR LES RAMASSER, ET ARRIVER DEVANT TOTO ET
LUI DEMANDE MAIS POURQUOI TU NE ME REND RIEN
TOTO
 -BEN JE L'AI PAS FAIT M'SIEUR !
 -ET POURQUOI CELA TOTO?
 -PARCE QUE C'ETAIS UN DEVOIR-MAISON ET
J'HABITE EN APPARTEMENT MOI !

BLAGUE 76

DANS UNE ÉCOLE, UNE MAÎTRESSE DIT :
- BON , LES ENFANTS , JE VAIS VOUS APPRENDRE UNE
NOUVELLE PÉDAGOGIE : QUE CEUX QUI SE CROIENT
STUPIDES SE LÈVENT . APRÈS 20 SECONDES , PERSONNE
N'A BOUGÉ.
- PERSONNE N'EST STUPIDE ICI? C'EST CE MOMENT QUE
TOTO CHOISIS POUR SE LEVER .
- AH ! TOTO ! ALORS , TU N'ES STUPIDE QUE PAR MOMENT ?
 - NON M'DAME, MAIS ÇA ME FAISAIT DE LA PEINE DE VOUS
VOIR SEULE DEBOUT .

BLAGUE 77

TROIS PERSONNES ARRIVENT DEVANT UNE RIVIÈRE. UN GÉNIE LEUR ACCORDE UN VŒU CHACUNE POUR LES AIDER À TRAVERSER.

LA PREMIÈRE DIT :

— JE VOUDRAIS ÊTRE 10 FOIS PLUS INTELLIGENTE QUE LA DEUXIÈME.

ELLE TENTE DE TRAVERSER À LA NAGE... MAIS ELLE NE SAIT PAS NAGER ET SE NOIE.

LA DEUXIÈME DIT :

— JE VEUX ÊTRE 100 FOIS PLUS INTELLIGENTE QUE CELLE QUI VIENT DE SE NOYER.

ELLE CONSTRUIT UN BATEAU, MAIS IL N'EST PAS ÉTANCHE... ET ELLE SE NOIE AUSSI.

LA TROISIÈME RÉFLÉCHIT UN INSTANT :

— JE VOUDRAIS JUSTE ÊTRE 1000 FOIS PLUS LUCIDE QUE LA DERNIÈRE.

ELLE REGARDE AUTOUR... ET PASSE PAR LE PONT, JUSTE À CÔTÉ.

BLAGUE 78

À L'ARMÉE, L'INSTRUCTEUR HURLE :

— TOTO ! POURQUOI TON LIT EST EN VRAC ?

TOTO RÉPOND :

— JE VOULAIS PAS LE DÉRANGER, CHEF.

— LE DÉRANGER ?!

— OUI, IL AVAIT L'AIR DE DORMIR MIEUX QUE MOI CETTE NUIT.

BLAGUE 79

UN PETIT GARÇON ASSISTE À LA MESSE POUR LA PREMIÈRE FOIS AVEC SA GRAND-MÈRE.

TOUT LE LONG, IL OBSERVE EN SILENCE, TRÈS CONCENTRÉ.

À LA FIN, IL LA TIRE PAR LA MANCHE ET LUI DEMANDE :

— MAMIE, C'EST QUI LE MONSIEUR DÉGUISÉ EN MAGICIEN ?

— CHUT, C'EST LE PRÊTRE, IL CÉLÈBRE LA MESSE.

— D'ACCORD... ET C'EST POUR ÇA QU'IL A UNE BAGUETTE ?

— C'EST UNE CROIX, MON CHÉRI.

— AH... (IL RÉFLÉCHIT) DONC IL VA FAIRE APPARAÎTRE JÉSUS ?

— EUH... SYMBOLIQUEMENT, OUI.

— PFFF... ET MOI QUI CROYAIS QU'IL ALLAIT FAIRE APPARAÎTRE UN GOÛTER !

BLAGUE 80

UNE FEMME PROMÈNE SES CHIENS DANS UN PARC QUAND ELLE CROISE UN PETIT GARÇON :

- BONJOUR MADAME.

- BONJOUR, TU VEUX CARESSER MES SAINT BERNARD ?

- OH OUI MADAME AVEC PLAISIR MAIS JE NE M'APPELLE PAS BERNARD JE M'APPELLE YVAN !

BLAGUE 81

LA MAÎTRESSE DE TOTO LUI DIT :

-TOTO, ON NE SIFFLE PAS QUAND ON TRAVAILLE !

-MAIS MAÎTRESSE, QUI VOUS A DIT QUE JE TRAVAILLE ?

BLAGUE 82

UN POLITICIEN ARRIVE AU PURGATOIRE ET REMARQUE QU'IL Y A ÉNORMEMENT D'HORLOGE. IL DEMANDE À ST PIERRE:

-A QUOI SERVENT CES HORLOGES ?

-A CHAQUE HORLGE CORRESPOND UNE PERSONNE, ET À CHAQUE FOIS QUE CETTE PERSONNE MENT L'AIGUILLE SE MET À TOURNER REGARDE CELLE DE LA VIERGE MARIE, ELLE EST À 00 CAR ELLE N'A JAMAIS MENTI, CELLE DE SIMON MARQUE 3 CAR IL RENIÉ 3 FOIS JESUS.

-AHHH!!!! DIT LE POLITICIEN, ET OU SE TROUVE LA MIENNE;

-BAH LA TIENNE TOURNAIT TELLEMENT QUE JESUS L'UTILISE COMME VENTILATEUR.

BLAGUE 83

TOTO DEMANDE À SON PÈRE MALADE :

— PAPA, C'EST GRAVE ?

— NON, T'INQUIÈTE... SAUF SI TA MÈRE RETROUVE MES CACHETS AVANT QUE J'AIE VIDÉ MON COMPTE.

BLAGUE 84

UN GARS ROULE DANS UN CAMION EST PASSE AUX DOUANES USA-MEXIQUE. LE POLICIER DEMANDE AU CONDUCTEUR :

-HÉ VOUS, VOUS AVEZ QUOI À L'ARRIÈRE ?

LE GARS RÉPOND :

-BAH, DES FESSES, COMME TOUT LE MONDE !

BLAGUE 85

UNE FEMME ENTRE EN PANIQUE DANS UNE ÉGLISE VIDE. ELLE TOMBE SUR LE PRÊTRE ET S'EXCLAME :

— MON PÈRE, JE NE ME SENS PAS BIEN, J'AI BESOIN DE RÉCONFORT, MAINTENANT !

— MA FILLE, VOUS ÊTES DANS LA MAISON DE DIEU, REPRENEZ VOS ESPRITS !

MAIS LA FEMME INSISTE, S'AGITE, ET FINIT PAR S'ALLONGER SUR L'AUTEL.

LE PRÊTRE, DÉBOUSSOLÉ, LÈVE LES YEUX VERS LA CROIX ET SUPPLIE :

— SEIGNEUR, QUE DOIS-JE FAIRE ?

ET UNE VOIX VENUE D'EN HAUT LUI RÉPOND :

— DÉTACHE-MOI ! ON VERRA APRÈS !

BLAGUE 86

UNE BELLE-MÈRE TOMBE DANS UN PUITS. SON GENDRE ARRIVE ET LUI LANCE UNE BOUTEILLE DE WHISKY EN RICANANT :

- TENEZ BUVEZ ÇA, ÇA VOUS REMONTERA !

BLAGUE 87

TOTO REVIENT DE L'ÉCOLE TOUT CONTENT :
— PAPA, PAPA ! AUJOURD'HUI J'AI ÉTÉ LE SEUL À
LEVER LA MAIN QUAND LA MAÎTRESSE A DEMANDÉ :
"QUI A MIS DE LA COLLE SUR LA CHAISE ?"
— AH BON ? ET ELLE T'A FÉLICITÉ ?
— NON... ELLE EST ENCORE COLLÉE DESSUS.

BLAGUE 88

C'EST UN ÉLÈVE QUI FAIT UNE BLAGUE À SON PROF
DE MATHS :
 - X^2 RENTRE DANS UNE FORÊT ET QUAND IL
RESSORT IL NE RESTE QUE X. POURQUOI ?
 - JE NE SAIS PAS...
 - PARCE QU'IL A TRÉBUCHÉ SUR UNE RACINE.

BLAGUE 89

TOTO RENTRE DE L'ÉCOLE FURIEUX :
— J'AI EU UNE DOUBLE PUNITION !
SA MÈRE DEMANDE :
— POURQUOI ?
— LA MAÎTRESSE M'A DIT DE PRENDRE LA
PORTE... ALORS JE SUIS PARTI AVEC.

BLAGUE 90

DEUX AVOCATS PRENNENT UN CAFÉ.

L'UN DIT :

— MA FEMME M'A QUITTÉ PARCE QUE JE CONFONDAIS MON TRAVAIL ET MA VIE PRIVÉE...

L'AUTRE DEMANDE :

— ET TU VAS FAIRE QUOI ?

— JE VAIS LA POURSUIVRE.

— EN JUSTICE ?

— NON, DANS LA RUE, ELLE A PRIS LES CLÉS DE LA VOITURE.

BLAGUE 91

UN SOIR, TOTO RENTRE DE L'ÉCOLE ET VOIT SA MÈRE EN TRAIN DE METTRE DE LA CRÈME.

-QU'EST CE QUE TU-FAIS? DEMANDE T'IL

-JE MET DE LA CRÈME POUR ÊTRE PLUS BELLE

-ET BEN, TU PEUX ENCORE EN RAJOUTER!

BLAGUE 92

C'EST UNE FEMME QUI DEMANDE À SON BEAU FILS:

- QUEL ÂGE ME DONNEZ-VOUS ?
- LES JAMBES 30, LES BRAS 25, LES SEINS 35, LE VISAGE 30, LES HANCHES 25...
- OH ! MAIS VOUS ME FLATTEZ !
- ATTENDEZ ! JE N'AI PAS ENCORE FAIT L'ADDITION !

BLAGUE 93

UN GARS EN DISCOTHÈQUE :
– HÉÉÉ MADEMOISELLE ? VOUS ÊTES CHARMANTE ! VOTRE VISAGE DOIT FAIRE TOURNER BIEN DES TÊTES !
ET ELLE LUI RÉPOND, TOUT SOURIRE :
– C'EST GENTIL... MAIS VOUS, AVEC VOTRE TÊTE, VOUS DEVEZ PLUTÔT COUPER L'APPÉTIT !

BLAGUE 94

DEUX AMIS DISCUTENT :
- JE VAIS FAIRE COUPER LA QUEUE DE MON CHIEN DEMAIN, CAR MA BELLE-MÈRE VIENT SAMEDI.
- HEIN ?! JE NE COMPREND PAS...
- TU VOIS, JE NE VEUX SURTOUT PAS QU'ELLE PENSE QUE QUELQU'UN EST CONTENT DE LA VOIR.

BLAGUE 95

UN FILS DEMANDE À SON PÈRE:
-PAPA C'EST QUOI LA BEAUTÉ?
-TU VOIS TA MÈRE?
-OUI
-ET BEN OUBLIE CE QUE TU VIENS DE VOIR

BLAGUE 96

UNE BELLE-MÈRE TRÈS JOLIE ET TRÈS SEXY EST ASSISE DANS SON SALON AVEC LE FIANCÉ DE SA FILLE ; ELLE LUI DIT :
— JE SAIS QUE TU ME TROUVES ATTIRANTE. JE TE DONNE 5 MINUTES POUR ME REJOINDRE DANS LA CHAMBRE.
LE MEC SE LÈVE ET SORT PRÉCIPITAMMENT DE LA MAISON EN DIRECTION DE SA VOITURE.
DEHORS, TOUTE SA BELLE-FAMILLE L'ATTEND ET SON FUTUR BEAU-PÈRE LUI DIT :
— AHHH TU ES VRAIMENT DIGNE DE NOTRE FILLE, C'ÉTAIT UN TEST !
LE MEC SE DIT ALORS :
— OUFFF... HEUREUSEMENT QUE J'AVAIS MES PRÉSERVATIFS DANS LA VOITURE !

BLAGUE 97

LE PÈRE DE DAVID S'ÉTONNE DE NE PAS
AVOIR ENCORE REÇU LE BULLETIN SCOLAIRE
DE SON FILS ET LUI EN DEMANDE LA RAISON :
- ET TON BULLETIN IL EST PAS ENCORE
ARRIVÉ?
 - SI, SI MAIS JE L'AI PRÊTÉ A PAUL POUR QU'IL
FASSE PEUR A SON PÈRE !

BLAGUE 98

DANS LE MÉTRO, UNE FEMME SENT QU'UN
HOMME LUI MET LA MAIN SUR LA CUISSE.
ELLE SE RETOURNE ET LUI DIT:
- VOUS NE POURRIEZ PAS METTRE VOTRE
MAIN AILLEURS ?
- J'Y AI PENSÉ, MAIS JE N'OSAIS PAS...

BLAGUE 99

UN TYPE ARRIVE EN BOÎTE DE NUIT AVEC UNE
ÉCHELLE.
LE VIDEUR LUI DEMANDE :
– C'EST QUOI CETTE ÉCHELLE ?
– BAH, ON M'A DIT QUE L'AMBIANCE ÉTAIT AU
SOMMET.

BLAGUE 100

UN HOMME EST DANS L'ASCENSEUR AVEC UN
INCONNU QUI LÂCHE UN PET.
IL LE REGARDE ET DIT :
— VOUS AURIEZ PU ATTENDRE D'ÊTRE SEUL !
L'AUTRE RÉPOND :
— CROYEZ-MOI, JCA DEVRAIT PAS TARDER.

BLAGUE 101

UN GARS PARLE À UN AUTRE:

-LA PLUPART DES CATASTROPHES

NATURELLES SE PASSENT AU JAPON.

-DONC, C'EST LÀ BAS QUE TU ES NÉ.

BLAGUE 102

UN GARÇON DIT À SON GRAND-PÈRE :

— PAPI, T'AS CONNU LES DINOSAURES ?

— NON, PAS DU TOUT !

— AH... DONC T'ÉTAIS DÉJÀ VIEUX QUAND ILS SONT

MORTS ?

BLAGUE 103

UN MEC ET UNE FILLE DISCUTE :

- JE VEUX QUE TU SOIS MA FEMME !!! DIT LE MEC ;

- TU AS UNE MAISON ? RÉPOND LA FILLE ;

- NON...

- TU AS UNE MERCEDES ?

- NON...

- TU TOUCHES COMBIEN ?

- RIEN MAIS...

- Y A PAS DE MAIS... T'AS RIEN ET TU VEUX M'ÉPOUSER ? CASSE TOI CHEZ TA MÈRE !!! RÉPOND LA FILLE ;

- J'AI PAS UNE MAISON, J'AI UNE VILLA, J'AI PAS UNE MERCEDES, J'AI UNE FERRARI ET UNE PORCHE, JE NE TOUCHE RIEN CAR C'EST MOI LE PATRON ET MAINTENANT VAS TE FAIRE VOIR CHEZ TON PÈRE !!!

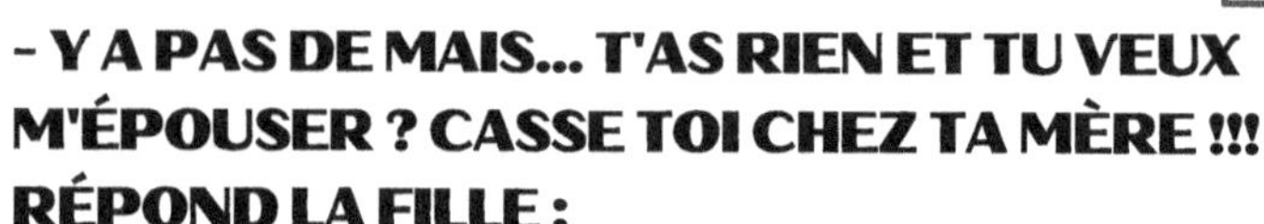

BLAGUE 104

UN SOIR, UNE FILLE DIT À SON PÈRE :

- PAPA, JE NE COMPREND PAS, MON COPAIN M'A DIT QUE J'AI UN JOLIE CHÂSSIS, DEUX BEAUX AMORTISSEUR ET UN MAGNIFIQUE PARE-CHOC...

- ET BIEN TU DIRAS À TON COPAIN, QUE S'IL OUVRE LE MOTEUR POUR Y METTRE DE L'HUILE, JE LUI ÉCLATE SON POT D'ÉCHAPPEMENT.

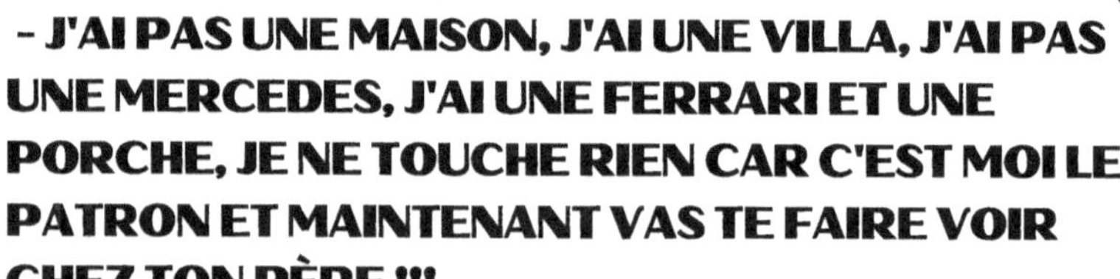

BLAGUE 105

DEUX MENDIANTS À PARIS.

LE PREMIER FINIT SA JOURNÉE AVEC QUELQUES PIÈCES, ET LE SECOND AVEC PLEIN DE BILLETS DE DIX EUROS.

— COMMENT TU AS FAIT ? DEMANDE LE PREMIER. QU'EST-CE QU'IL Y A ÉCRIT SUR TON PANNEAU ?

— J'AI FAIM, J'AI RIEN MANGÉ, J'AI DES ENFANTS, ETC.

— T'ES PAS BIEN MALIN, RÉPOND LE SECOND. MOI, SUR LE MIEN, J'AI ÉCRIT : "IL ME MANQUE DIX EUROS POUR RENTRER CHEZ MOI."

BLAGUE 106

C'EST UNE FEMME QUI DIT À UNE AMIE

- MON FILS MARCHE DEPUIS 4 MOIS.

- EH BIEN, IL DOIT ÊTRE LOIN MAINTENANT !

BLAGUE 107

— MON CHEF M'A CONVOQUÉ CE MATIN.

— POUR QUOI FAIRE ?

— IL M'A DIT QUE JE MANQUAIS D'INITIATIVE, QUE JE DEVAIS PRENDRE DES DÉCISIONS, OSER, SORTIR DU CADRE...

— ET ALORS ?

— ALORS J'AI PRIS UNE DÉCISION : J'AI VIDÉ MON CASIER... ET J'AI DÉMISSIONNÉ.

BLAGUE 108

DEUX AMIS DISCUTENT EN ALLANT À HIPPODROME :

- J'AI VRAIMENT DE LA CHANCE, MAIS PAS EN SE MOMENT ! DIT LE PREMIER

- AH, POURQUOI ? LUI DEMANDE LE SECOND - COMME TU LE SAIS, JE SUIS NÉ LE SEPTIÈME JOUR DU SEPTIÈME MOI EN 77.

- LE SEPT EST TON CHIFFRE PORTE BONHEUR ALORS ?

- EXACTEMENT. MAIS, JE SUIS ALLER JOUER 7777 € SUR LE CHEVAL NUMÉRO 7 DE LA SEPTIÈME COURSE.

- ET IL EST ARRIVÉ 1ER ?

- OH NON, IL EST ARRIVÉ SEPTIÈME...

BLAGUE 109

C'EST UN GARÇON QUI VA À L'ÉCOLE, SA MAÎTRESSE LUI DEMANDE :

- "POURQUOI TON CARTABLE EST AUSSI GROS ?"

- "J'AI EMMENÉ MON CHAT !"

- "MAIS POURQUOI ?"

- "PARCE QUE J'AI ENTENDU PAPA DIRE À MAMAN : " CHÉRIE J'EMMÈNE LE PTIT À L'ÉCOLE ET ON M'OCCUPE DU MINOU.

-ALORS J'AI PENSÉ QU'ON DEVAIT VENIR ENSMBLE

BLAGUE 110

UNE FILLE ENVOIE UN SMS À UN GARS :

-À QUEL POINT M'AIMES-TU ?

-VA DEHORS, REGARDE LE CIEL ET COMPTE LES ÉTOILES, VOILÀ À QUEL POINT JE T'AIME !

-MAIS ON EST LE MATIN...

-EXACTEMENT !

BLAGUE 111

QUAND J'ÉTAIS PLUS JEUNE, À CHAQUE
MARIAGE, LES VIEILLES TANTES ME TAPAIENT
DANS LE DOS EN DISANT :
— T'ES LE PROCHAIN, MON GRAND !
ELLES ONT ARRÊTÉ...
QUAND J'AI COMMENCÉ À LEUR DIRE ÇA AUX
ENTERREMENTS.

BLAGUE 112

LA PORTE C'EST COMME TA BOUCHE,
À DÉFAUT DE LA FERMER
ON PEUT LA CLAQUER!

BLAGUE 113

TOTO RENTRE DE L'ÉCOLE :
- PAPA ! TU VAS ÊTRE FIER DE MOI ! J'AI ÉTÉ
LE SEUL À RÉPONDRE À LA QUESTION DU
MAÎTRE !
- ET C'ETAIT QUOI LA QUESTION ?
- C'ÉTAIT : QUI A POSÉ UNE PUNAISE SUR MA
CHAISE ?

BLAGUE 114

UN FILS ENVOIE UN SMS À SA MÈRE :
— MAMAN, J'AI ATTRAPÉ UN TRUC BIZARRE.
ELLE RÉPOND AUSSITÔT :
— NE RENTRE SURTOUT PAS !
— POURQUOI ?
— SI TU RENTRES, TU VAS LE FILER À TA FEMME.
TA FEMME VA LE PASSER À TON FRÈRE, TON FRÈRE À
LA VOISINE, LA VOISINE À TON PÈRE, TON PÈRE À MA
SŒUR, ELLE À SON MARI, LUI À MOI, ET MOI AU
JARDINIER.
ET SI LE JARDINIER LE REFILE À TA SŒUR...
ON VA ENCORE AVOIR UN COUVRE-FEU DANS LE
VILLAGE

BLAGUE 115

UN JOUR, LE PÈRE DE TOTO L'ENVOIE À L'ARMÉE ET LUI
DIT :
— N'OUBLIE PAS, TU DOIS DIRE QUE TU AS 16 ANS, QUE
TU T'APPELLES TOTO, ET TU DOIS TOUJOURS
RÉPONDRE : « OUI, CHEF ! »
TOTO : — OUI, PAPA !

À L'ARMÉE, LE CHEF LUI DEMANDE :
— NOM ?
TOTO : — 16 ANS.
— ÂGE ?
TOTO : — TOTO.
— TU TE FOUS DE MOI ?!
TOTO : — OUI, CHEF !
CHEF : !? !?

BLAGUE 116

UNE FEMME PARLE A UN HOMME ...
LA FEMME : J'AIMERAIS TELLEMENT QU'IL
Y AI QUELQUE CHOSE ENTRE NOUS .
L'HOMME : HA BON COMME QUOI ?
LA FEMME : UN MUR .

BLAGUE 117

DEUX HOMMES DISCUTENT DANS UN CAFÉ :
- J'AI LU DANS LE JOURNAL QU'UN HOMME S'EST
ENFUIT LE LENDEMAIN DE SA NUIT DE NOCES.
L'AUTRE RÉPOND ALORS :
- PARFOIS LA NUIT PORTE CONSEIL.

BLAGUE 118

-PAPA ?-OUI MA CHÉRIE ?
-C'EST QUOI L'HUMOUR NOIR ?
-JE SAIS PAS, DEMANDE À MAMAN
-MAIS PAPA... MAMAN NOUS A QUITTÉS !

BLAGUE 119

UNE FEMME TENTE DE S'INSCRIRE SUR UN SITE.
MANQUANT D'IMAGINATION, ELLE DEMANDE À SON
MARI DE CHOISIR UN NOM D'UTILISATEUR.
IL ENTRE : "MON KIKI".
LE SITE RÉPOND :
« NOM D'UTILISATEUR INCORRECT. MON KIKI N'EST PAS
ASSEZ LONG. »
SA FEMME ÉCLATE DE RIRE.

BLAGUE 120

LA MAÎTRESSE DE TOTO EXPLIQUE RAPIDEMENT
LA NOTION DE PESANTEUR À SES ÉLÈVES :
-TOTO POURQUOI QUAND JE SAUTE JE RETOMBE
AU SOL ?
-C'EST LA FAUTE DE VOTRE POIDS !

BLAGUE 121

IL EST TARD. LES ÉTOILES BRILLENT DANS LE CIEL, ET
DANS UN PARC TRANQUILLE, UN COUPLE S'EST
INSTALLÉ SUR UN BANC.
LA JEUNE FILLE, ASSISE, REGARDE SON PETIT AMI,
PENCHÉ VERS ELLE, CONCENTRÉ SUR QUELQUE
CHOSE DANS SA JUPE.
SOUDAIN, ELLE CHUCHOTE :
— ENLÈVE TES LUNETTES, ELLES ME GÊNENT…
IL S'EXÉCUTE… PUIS CONTINUE.
QUELQUES SECONDES PLUS TARD, ELLE DIT,
SURPRISE :
— REMETS TES LUNETTES…
TU ES EN TRAIN DE LÉCHER LE BANC.

BLAGUE 122

UN HOMME, FARCEUR JUSQU'AU BOUT ET

CONDAMNÉ PAR LA MALADIE, A DÉCIDÉ D'AVALER

DEUX KILOS DE MAÏS JUSTE AVANT DE MOURIR…

RÉSULTAT : AU CRÉMATORIUM, IL A VRAIMENT MIS

L'AMBIANCE.

BLAGUE 123

- CHER PÈRE NOËL, JE VOUDRAIS UNE PETITE SŒUR.
- PARFAIT ! DEMANDE À TA MAMAN DE M'ÉCRIRE AUSSI !

BLAGUE 124

UNE FILLE PART EN VOYAGE DE CLASSE, LE QUATRIÈME JOURS ELLE ENVOIE UN SMS À SON FRÈRE

-COUCOU MON FRÈRE ADORÉ DÉJÀ QUATRE JOURS QUE JE SUIS EN VOYAGE TU ME MANQUES !

-MOI AUSSI! ÇA CEST BIEN PASSÉ DEPUIS TON DÉPART?

-BEN À PART QU'ON AVAIT PLUS DE RÉSEAU LES DEUX PREMIERS JOURS, ÇA VA...TOUT VA BIEN CHEZ NOUS ?-AILLE NON. PREMIÈREMENT LE CHAT EST MORT;-QUOI! OH MERDE... TU AURAIS PU ME L'ANNONCER AUTREMENT. DOUCEMENT, GENRE IL SE PROMENAIT SUR LE BORD DU BALCON ET... BREF. ET MAMAN , ELLE VA BIEN?

-ELLE SE PROMENAIT SUR LE BORD DU BALCON...

BLAGUE 125

- SI TU DEVIENS MOCHE DEMAIN, TU FAIS QUOI ?
- BAH JE SAIS PAS... T'AS FAIS COMMENT TOI ?

BLAGUE 126

— PAPA, LE PÈRE NOËL EXISTE ?

— BIEN SÛR. MAIS IL FACTURE MAINTENANT.

BLAGUE 127

TOTO, ADO UN PEU INSOLENT, EST AMOUREUX DE SA PROF. TOUT LE MONDE LE SAIT, MÊME ELLE.

UN JOUR, ELLE FAIT UN JEU DE DEVINETTES.
TOTO LÈVE LA MAIN À CHAQUE FOIS… ET SE PLANTE À CHAQUE FOIS.
ELLE LUI SOURIT :
— CE N'EST PAS LA BONNE RÉPONSE, TOTO, MAIS C'EST BIEN D'AVOIR ESSAYÉ.

EN FIN DE COURS, TOTO S'APPROCHE :
— M'DAME, J'AI UNE DEVINETTE.
— VAS-Y, MAIS RESTE POLI.
— J'AI DANS MON PANTALON UNE PETITE TIGE, DURE, AVEC UN BOUT ROUGE, ET QUI PEUT METTRE LE FEU. QU'EST-CE QUE C'EST ?
CLAC !
— T'AS DÉPASSÉ LES BORNES, TOTO !
TOTO, VEXÉ, SORT UNE ALLUMETTE DE SA POCHE :
— CE N'ÉTAIT PAS LA BONNE RÉPONSE, MAIS… C'EST BIEN D'AVOIR ESSAYÉ.

BLAGUE 128

QUAND QUELQU'UN VOUS FAIT CHIER VOUS LUI DITES:

-"JE T'AI VUE CE MATIN ! "

-"OÙ? "

-"QUAND J'AI TIRER LA CHASSE D'EAU TU AS DISPARU"

BLAGUE 129

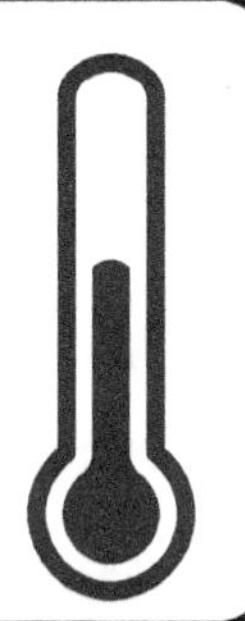

EN PLEIN HIVER UNE FEMME PATIENTE SUR SON BALCON AVEC UN THERMOMETRE DANS LES FESSES

SON VOISIN LUI DEMANDE :

- MAIS QUE FAITES VOUS ? ET ELLE REPOND :

- J'ATTENDS MON MARI, IL VIENT ME CHERCHER À -10 !!!

BLAGUE 130

J'AI VERSÉ UN SEAU DE MÉTAL FONDU SUR TOUTES MES FIGURINES EN PLASTIQUE.

MA MÈRE ÉTAIT FURIEUSE...

J'AI RÉPONDU :

— QUOI ? TU VOULAIS PAS QUE JE FONDE UNE FAMILLE ?

BLAGUE 131

— J'AI OFFERT UN MIROIR À MON PSY.

— ET ALORS ?

— DEPUIS, LE MIROIR RÉFLÉCHIT...

— ET LUI ?

— LUI, IL DOUTE.

BLAGUE 132

DEUX AMIES DISCUTENT :

— J'AI DEMANDÉ À L'UNIVERS UN SIGNE.

— ET ?

— J'AI PRIS UNE TUILE.

BLAGUE 133

UN JOUR, UN ENFANT DEMANDE À SON PÈRE :

— PAPA, COMMENT JE SUIS NÉ ?

LE PÈRE HÉSITE, PUIS DIT :

— BON, ÉCOUTE. OUBLIE LES CIGOGNES ET LES

CHOUX, JE VAIS T'EXPLIQUER VERSION 2.0.

TA MÈRE ET MOI, ON S'EST RENCONTRÉS SUR

FACEBOOK.

ON A COMMENCÉ À CHATTER, ON S'EST LIKÉS, ON

S'EST VUS, ON A RIGOLÉ…

ET PUIS UN JOUR, ON A DÉCIDÉ DE FAIRE UN

"PARTAGE DE FICHIERS".

— EUH… C'EST-À-DIRE ?

— DISONS QU'ON S'EST CONNECTÉS SANS ANTIVIRUS.

ET NEUF MOIS PLUS TARD…

LE PETIT VIRUS EST APPARU.

BLAGUE 134

CHARLES, MARC, ANGÈLE ET ANNE JOUENT ENSEMBLE

- DITES, ON JOUE AUX ROMAINS ? JE SERAIS : CHARLUS ! DIT CHARLES

- MOI, JE SERAIS MARCUS ! DIT MARC

- BEN MOI ÇA SERA ANGÉLUS ! DIT ANGÈLE

ET LÀ, ANNE, QUI ET RESTER SILENCIEUSE DIT :

- JE N'AIME PAS CE JEU…

BLAGUE 135

MON EX M'A DIT :

- TU NE TROUVERAS JAMAIS QUELQU'UN COMME MOI.

J'AI RÉPONDU :

-C'EST BIEN L'OBJECTIF

BLAGUE 136

ENTRETIEN D'EMBAUCHE :

-BOSS : QUEL EST VOTRE PLUS GRAND DÉFAUT ?

-MOI: LA FRANCHISE.

-BOSS : JE NE PENSE PAS QUE CE SOIT UN DÉFAUT.

-MOI : TANT MIEUX, J'EN AI STRICTEMENT RIEN À FAIRE DE VOTRE AVIS.

BLAGUE 137

C'EST LE PREMIER JOUR DES SOLDES ET UNE FILE D'ATTENTE S'EST FORMÉE DEVANT UN MAGASIN. UN HOMME REMONTE LA QUEUE EN SE FAISANT RÉGULIÈREMENT INSULTER. SOUDAIN, ALORS QU'IL PASSE DEVANT UNE VIELLE DAME, CELLE-CI L'ATTRAPE PAR LE COL, LE GIFLE ET LE REPOUSSE DERRIÈRE ELLE.
PRENANT EXEMPLE SUR ELLE, LES AUTRES CLIENT FINISSENT PAR L'EXPULSER DE LA FILE D'ATTENTE. ALORS, L'HOMME COMMENCE À S'ÉLOIGNER DE LA BOUTIQUE ET CRIE :
- PUISQUE C'EST COMME-ÇA, JE N'OUVRE PAS LE MAGASIN AUJOURD'HUI !

BLAGUE 138

UN HOMME ÂGÉ SE RETROUVE SUR LA TABLE D'OPÉRATION ATTENDANT D'ÊTRE OPÉRÉ. IL INSISTE POUR QUE CE SOIT SON GENDRE, L'ÉMINENT CHIRURGIEN, QUI PROCÈDE À CETTE CHIRURGIE. AVANT D'ÊTRE ENDORMI, IL DEMANDE À PARLER À SON GENDRE ET LUI DIT :
- NE SOIS PAS NERVEUX, FAIS DE TON MIEUX. ET SI ÇA TOURNE MAL ET QUE QUELQUE CHOSE DEVAIT M'ARRIVER, SOUVIENS-TOI QUE TA BELLE-MÈRE VA ALLER HABITER

BLAGUE 139

C'EST TOTO QUI EST EN CLASSE. LA MAITRESSE INTERROGE LES ÉLÈVES PENDANT LE COURS DE FRANÇAIS.

- COMBIEN Y'A T'IL DE LETTRES DANS L'ALPHABET ? COMME TOUJOURS TOTO LÈVE LA MAIN ET COMMENCE À RÉPONDRE !

- IL Y A 8 LETTRES MADAME LA MAITRESSE S'ÉTONNE ET DEMANDE À TOTO DE RÉCITER POUR COMPTER LES LETTRES.

- ALORS A, L, P, H, A, B, E, T... HUIT LETTRES MADAME !!!

BLAGUE 140

AUJOURD'HUI, JE ME MOQUAIS DE MON PÈRE PARCE QU'IL AVAIT MAL BRANCHÉ LES FILS DE LA TÉLÉ. JE LUI AI DIT :

- TU T'ES TROMPÉ DE TROU.

IL M'A DIT :

-C'EST POUR ÇA QUE TU ES NÉ.

BLAGUE 141

UN DICTATEUR ARRIVE CHEZ LE PSY.

- DOCTEUR, TOUT LE MONDE ME DÉTESTE !

-VOUS AVEZ ESSAYÉ DE LÂCHER UN PEU DE POUVOIR ?

-J'AI ESSAYÉ... MAIS IL EST REVENU.

BLAGUE 142

LA MAÎTRESSE DEMANDE :

-LISA, QUE FAIT LA POULE ?

-DES OEUFS, MADAME !

-BIEN ! QUE FAIT LA CHÈVRE, JULIE ?

-ELLE FAIT DU LAIT, MADAME !

-TRÈS BIEN ! TOTO, QUE FAIT LA VACHE?-ELLE

DONNE DES DEVOIRS ET DE L'ÉTUDE, MADAME !

BLAGUE 143

UN TAXI TRANSPORTE UNE MÈRE ET SON FILS.

EN PASSANT DEVANT UN GROUPE DE FEMMES SUR LE

TROTTOIR, L'ENFANT DEMANDE :

— MAMAN, ELLES FONT QUOI LES DAMES ?

— ELLES ATTENDENT LEUR MARI, MON CHÉRI.

LE CHAUFFEUR, EXCÉDÉ, RÉPLIQUE :

— FAUT ARRÊTER. CE SONT DES FILLES DE JOIE !

SILENCE.

L'ENFANT RÉFLÉCHIT, PUIS DEMANDE :

— ELLES PEUVENT AVOIR DES ENFANTS ?

LA MÈRE SOURIT :

— BIEN SÛR. C'EST COMME ÇA QUE NAISSENT LES

CHAUFFEURS DE TAXI.

BLAGUE 144

TOTO N'ARRÊTE PAS DE FAIRE DES GRIMAÇES EN CLASSE.

LE PROFESSEUR LE VOIT ET VA LE VOIR. IL LUI DIT :

-TU SAIS, QUAND J'AVAIS TON ÂGE, JE FAISAIS AUSSI DES GRIMAÇES. MAIS UN JOUR, MON PÈRE M'A DIT QUE SI JE CONTINUAIS À FAIRE DES GRIMAÇES TOUT LE TEMPS, J'ALLAIS DEVENIR LAID, TRÈS LAID, POUR LE RESTANT DE MES JOURS.

TOTO LUI RÉPOND :

-AU MOINS, MONSIEUR, ON PEUT DIRE QU'IL VOUS A AVERTI...

BLAGUE 145

TOTO DIT À ÇA MAÎTRESSE :
- MADAME, MADAME, EST-CE QUE JE PEUX ÊTRE PUNI POUR QUELQUE CHOSE QUE JE N'AI PAS FAIT ?
- MAIS BIEN SUR QUE NON, POURQUOI ON TE PUNIRAIS ALORS QUE TU N'AS RIEN FAIT?
- EH BIEN, ÇA VA ALORS... JE N'AI PAS FAIT MES DEVOIRS HIER !

BLAGUE 146

- J'AI PAS ENVIE D'ÊTRE DANS TA TÊTE.
- POURQUOI ?
- J'AI PEUR DU VIDE.

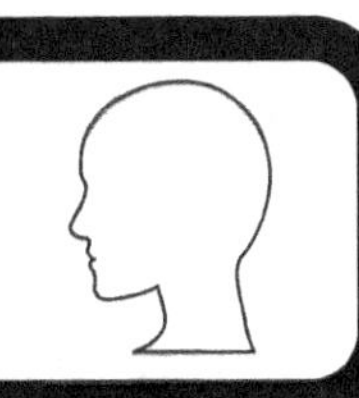

BLAGUE 147

UNE COPINE ME DEMANDE :
– POURQUOI T'AS ACHETÉ UNE CULOTTE EN DENTELLE ?
– POUR QUE MES IDÉES PASSENT À TRAVERS.

BLAGUE 148

DANS UN VILLAGE, LE ROI DÉCIDE DE MARIER SA FILLE. IL ORGANISE ALORS UNE ÉNORME FÊTE PRÈS DU LAC AUX CAÏMANS ET IL DIT AUX HOMMES DU VILLAGE :

- JE DONNE MA FILLE EN MARIAGE À CELUI QUI VA TRAVERSER LE LAC AUX CAÏMANS À LA NAGE ...SA PHRASE N'EST MÊME PAS TERMINÉE QUE LE VIEUX TOTO EST DÉJÀ EN TRAIN DE SE BAGARRER AVEC LES CAÏMANS DANS LE LAC. C'EST UNE LUTTE À MORT. APRÈS UN COMBAT SANGLANT DE PLUSIEURS MINUTES, LE VIEUX TOTO ARRIVE À SORTIR DU LAC. TREMPÉ ET AMOCHÉ DE PARTOUT, IL SE DIRIGE DROIT VERS LE ROI QUI TOUT ÉTONNÉ LUI DIT :

- VIEUX TOTO, UNE PROMESSE EST UNE PROMESSE, JE TE DONNE MA FILLE EN MARIAGE.

LE VIEUX TOTO RÉPOND :

- JE VEUX PAS DE TA FILLE.

LE ROI ÉTONNÉ DIT :

- OK JE TE DONNE 200 MILLIONS ALORS ?

LE VIEUX TOTO RÉPOND ENCORE :

- NON, JE VEUX PAS L'ARGENT !!!

TOUT LE MONDE EST ÉTONNÉ.... LE ROI DEMANDE :

- QU'EST-CE QUE TU VEUX ALORS ?!?

ET LE VIEUX TOTO REPOND :

- JE CHERCHE CELUI QUI M'A POUSSÉ DANS LE LAC !!

BLAGUE 149

DANS UN COLLÈGE, DANS UNE SALLE DE COURS, UN PROF POSE UNE QUESTION À LA CLASSE :

SI VOUS POUVIEZ CHOISIR ENTRE UN SAC D'ARGENT ET L'INTELLIGENCE, QUE CHOISIRIEZ VOUS ?

LE PROF INTERROGE UN ÉLÈVE :

ÉLÈVE : MOI JE PRENDRAIS LE SAC D'ARGENT.

PROF : TU ES IDIOT ! COMMENT RENONCER À L'INTELLIGENCE POUR UN SAC D'ARGENT ?

ÉLÈVE : ET VOUS, VOUS CHOISIRIEZ QUOI À MA PLACE ?

PROF : L'INTELLIGENCE, BIEN SÛR.

ÉLÈVE : C'EST NORMAL, CHACUN CHOISIT CE QUI LUI MANQUE.

BLAGUE 150

UNE FEMME RENTRE DANS SA CUISINE ET Y TROUVE SON MARI BRANDISSANT UNE TAPETTE À MOUCHE...

ELLE LUI DEMANDE :

- MAIS QU'EST-CE QUE TU FABRIQUES ?

- BEN, JE CHASSE LES MOUCHES...

- ET TU EN AS EU ?

- OUI ! J'AI TUÉ TROIS MÂLES ET DEUX FEMELLES !

- COMMENT TU DIFFÉRENCIES LEURS SEXES ???

- FACILE ! TROIS ÉTAIENT SUR LA CANNETTE DE BIÈRE ET DEUX SUR LE TÉLÉPHONE !

BLAGUE 151

TU ES TELLEMENT MOCHE QUE QUAND TU COUPES LES OIGNONS C'EST L'OIGNON QUI PLEURE.

BLAGUE 152

C'EST UN PETIT GARÇON QUI DIT À SA MÈRE:

- MAMAN, MAMAN, Y A UN MONSIEUR QUI COUCHE AVEC LA FEMME DE MÉNAGE !- UN MONSIEUR ?

- POISSON D'AVRIL, C'EST PAPA !

BLAGUE 153

UN JOUR UN HOMME M'AS DEMANDÉ SI J'AVAIS UNE PIÈCE POUR MANGER.
J'AI RÉPONDU QUE OUI ET QUE ÇA S'APPELAIT UNE SALLE À MANGER

BLAGUE 154

RACONTE TON ACCIDENT
- "QUEL ACCIDENT ?"
- "AH PARCE QUE TU ES NÉ COMME ÇA ?

BLAGUE 155

UN HOMME TAQUINE SA FEMME AU PETIT-DÉJEUNER :
– TU SAIS, SI TU RAFFERMISSAIS UN PEU TOUT ÇA, ON POURRAIT SE PASSER DE TA GAINE.
ELLE NE DIT RIEN.

LE LENDEMAIN, IL AJOUTE :
– ET SI TU BOSSAIS UN PEU LES BRAS, TU POURRAIS RANGER TON SOUTIEN-GORGE.

TOUJOURS PAS DE RÉPONSE.

LE TROISIÈME JOUR, ELLE SE PENCHE VERS LUI ET MURMURE :
– ET TOI, SI TU RAFFERMISSAIS UN PEU CE QUE TU CACHES SOUS LA CEINTURE...
PEUT-ÊTRE QU'ON N'AURAIT PAS BESOIN DU JARDINIER, DU FACTEUR, DU LIVREUR... ET DE TON FRÈRE.

BLAGUE 156

SI TU DIS ENCORE UNE FOIS QUE JE SUIS GROSSE, JE TE QUITTE.
- NON MAIS ATTEND, PENSE À NOTRE ENFANT.
- NOTRE ENFANT ?
- AH.. T'ES PAS ENCEINTE ?

BLAGUE 157

DEUX AMIES DISCUTENT :

– J'AI ENFIN TROUVÉ UN RÉGIME !!

– SÉRIEUX ? ET T'AS PERDU COMBIEN ?

– 3 000 EUROS !

BLAGUE 158

LA MAÎTRESSE INTERROGE TOTO:

-TOTO COMBIEN FONT 3 ET 3

-MATCH NUL, MADAME

- TU ES COMME UNE DROGUE POUR MOI !

- HA OUI, TU ES ACCRO A MOI ?

- NON TU POURRIS MA VIE !

BLAGUE 160

TOTO À L'ÉCOLE :

-MADAME JE PEUX ALLER AUX TOILETTES ?

-D'ABORD RÉPOND À LA QUESTION :

"QUEL EST LE PLUS GRAND FLEUVE DU MONDE"?

-JE CROIS BIEN QUE C'EST SOUS MA CHAISE

MADAME

BLAGUE 161

UNE DAME DIT À SON VOISIN QUI PASSE DEVANT ELLE :

-POURQUOI TU ACHÈTES UNE ROUE TU N'A PAS DE VOITURE.

L'AUTRE LUI RÉPOND :

-ET BEN TOI T'ACHÈTES BIEN DES SOUTIENS-GORGES NON ?

BLAGUE 162

LA MAMAN DE TOTO GRONDE :

- COMMENT AS-TU PU DIRE À TANTE GINETTE QU'ELLE ÉTAIT SI BÊTE ? VAS VITE LA RETROUVER ET LUI DIRE QUE TU REGRETTES !

TOTO S'EXÉCUTE ET VA VOIR SA TANTE :

- TANTE GINETTE, JE REGRETTE QUE TU SOIS SI BÊTE !

BLAGUE 163

UN PÈRE DIT À SON FILS :

- FINALEMENT, TA MÈRE ET MOI ON A ÉTÉ HEUREUX PENDANT 25 ANS.

- ET APRÈS ?- APRÈS, ON S'EST RENCONTRÉ...

BLAGUE 164

TOTO JOUE AUX PETITS CHEVAUX AVEC SON PÈRE. LA PARTIE TOUCHE A SA FIN ET IL DIT:-PAPA, EST-CE QUE JE PEUX ALLER AUX TOILETTES?

-JE SUIS SUR QUE TU PEUX ATTENDRE UN PEU, RÉPOND SON PÈRE. IL FAUT TOUJOURS FINIR CE QUE L'ON COMMENCE.TOTO PATIENTE. A LA FIN DE LA PARTIE IL SE REND AU TOILETTES. DEUX HEURES PLUS TARD, IL N'EST TOUJOURS PAS REVENU. SON PÈRE S'INQUIETE ET LUI DEMANDE CE QU'IL FAIT. TOTO RÉPOND:

-TU M'AS DIT QU'IL FALLAIT TOUJOURS FINIR CE QUE L'ON COMMENÇAIT ET JE VIENS DE COMMENCER UN ROULEAU DE PAPIER TOILETTE...

BLAGUE 165

— QUELLE EST LA SALADE LA PLUS COURANTE EN SYRIE ?

— LA ROQUETTE.

BLAGUE 166

- TOTO SI JE DIT "J'ÉTAIS BELLE " C'EST A L'IMPARFAIT MAIS SI JE DIT " JE SUIS BELLE " C'EST QUOI?

- C'EST UN MENSONGE MADAME.

BLAGUE 167

LA MAÎTRESSE DIT A TOTO:

- TU AS 1€ ET TU DEMANDES 1€ A TA MÈRE,
COMBIEN AS TU?

TOTO: 1€

 LA MAÎTRESSE:

 - MAIS ENFIN TOTO TU NE CONNAIS PAS LES
ADDITIONS?

TOTO:

- WALLAH C'EST TOI QUI CONNAÎS PAS MA MÈRE! MDR

BLAGUE 168

C'EST TROIS FOU QUI SONT SUR UN BATEAU
PERSONNE RIEN ET FOU.
 PERSONNE TOMBE A L'EAU RIEN DIT A FOU
D'APPELER LES POMPIER FOU DIT: BONJOUR
JE SUIS FOU J'APPELLE POUR RIEN PARCE QUE
PERSONNE EST TOMBE A L'EAU.

BLAGUE 169

LES 7 NAINS TÉLÉPHONENT AU PÈRE NOËL :

– DIS, PÈRE NOËL, EST-CE QU'IL Y A DES
FEMMES AU PÔLE NORD ?

– OUI, BIEN SÛR.

– ET DES FEMMES DE PETITE TAILLE NOIRES ?

– NON, JAMAIS VU.

– TU VOIS, SIMPLET, C'EST AVEC UN PINGOUIN
QUE T'AS PASSÉ LA NUIT.

BLAGUE 170

QUELS SONT LES POINTS COMMUNS ENTRE UN PRUNEAU ET UNE BELLE-MÈRE ??

- C'EST TOUT FRIPÉ ET CA FACILITE LE TRANSIT!!!!

BLAGUE 171

SARKO ET DSK SONT AUX TOILETTES.

SARKO JETTE UN COUP D'ŒIL DISCRET ET DIT :

— DIS DONC… COMMENT TU FAIS ?

DSK RÉPOND :

— JE LE COGNE TOUS LES MATINS SUR LA RAMPE EN MONTANT À L'ÉTAGE, ÇA STIMULE.

LE SOIR, SARKO RENTRE CHEZ LUI, TENTE LA MÉTHODE, ET COGNE BRUYAMMENT SUR LA RAMPE.

DE LA CHAMBRE, CARLA LANCE :

— C'EST TOI DSK ? DÉPÊCHE-TOI, LE PETIT VA BIENTÔT RENTRER !

BLAGUE 172

TOTO DEMANDE A SA MÈRE (EN LUI ARRACHANT UN CHEVEU) :

TOTO : MAMAN POURQUOI TU AS DES CHEVEUX BLANC .

SA MÈRE : CAR A CHAQUE FOIS QUE TU FAIS UNE BÊTISE SA ME REND TRISTE ET SA ME DONNE DES CHEVEUX BLANCS .

TOTO : BAS ALORS QU'ES QUE TU AS FAIS A MAMIE POUR QU'ELLE EN A AUTANT ?

BLAGUE 173

HOMME 1: ET DIRE QU'À CHAQUE FOIS QUE JE RESPIRE, QUELQU'UN MEURT DANS LE MONDE.

HOMME 2: T'AS QU'A TE BROSSER LES DENTS PLUS SOUVENT !

BLAGUE 174

LA MAÎTRESSE DEMANDE À TOTO

-PEUX TU ME CONJUGUER LE VERBE MARCHER AU PRÉSENT?

-JE. ......MARCHE TU........TU....MAAAARCHES

-PLUS VITE TOTO

-JE COURS

BLAGUE 175

UN BELGE DANS UN CAFÉ

-MONSIEUR, POURRAIS JE AVOIR UN SUCRE S'IL VOUS PLAIT?

-MAIS MONSIEUR, JE VOUS EN AI DÉJA DONNER 10!

-ET ALORS?

C'EST QUAND MÊME PAS MA FAUTE S'ILS FONDENT TOUS DANS MON CAFÉ NON!

BLAGUE 176

UN GARS EST CONDAMNÉ À LA CHAISE ÉLECTRIQUE.

IL DEMANDE AU MATON :

-QU'EST-CE QUE VOUS ALLEZ ME FAIRE ?

-DU CALME, ASSEYEZ-VOUS SUR CETTE CHAISE, ON VA VOUS METTRE AU COURANT !

BLAGUE 177

UN PROFESSEUR DEMANDE À UN DE SES ÉLÈVE QUE VEUT-IL DEVENIR PLUS TARD. SON ÉLÈVE LUI RÉPOND:

- JE VOUDRAIS DEVENIR DOCTEUR MONSIEUR.ENSUITE SON PROFESSEUR LUI RÉPOND:

- JE NE VOUDRAIS PAS VENIR CHEZ TOI. PUIS L'ÉLÈVE LUI RÉPOND:

- MONSIEUR, J'AI DIT DOCTEUR, PAS VÉTÉRINAIRE

BLAGUE 178

UN ENFANT DEMANDE À SA MÈRE :
— MAMAN, EST-CE QUE JE PEUX AVOIR UN CHIEN ?
— NON, IL Y A DÉJÀ TON PÈRE QUI ABOIE 
DEVANT LA TÉLÉ TOUS LES SOIRS.

BLAGUE 179

UN HOMME EN COLÈRE APPELLE LA RÉCEPTION DE L'HÔTEL:
-ALLO IL Y A MA FEMME QUI VEUT SE JETER PAR LA FENÊTRE !
-JE SUIS DÉSOLÉE JE NE PEUT RIEN Y FAIRE C'EST UN PROBLÈME PERSONNEL.
-OUI MAIS LE FAIT QUE LA FENÊTRE NE S'OUVRE PAS SA C'EST UN PROBLÈME PROFESSIONNEL.

BLAGUE 180

C'EST L'HISTOIRE D'UN JAPONAIS QUI S'EST FACHÉ AVEC SA FEMME

LUI DIT : SUKITAKI ...

ELLE RÉPOND : KOWANINI!!!

LUI DIT : TOKA ANJI RODI ROUMI YAKOO!!!

ELLE RÉPOND: MIMI NAKOUNDINDA TINKOUJI!!

ET TOI COMME UN CON, TU LIS COMME SI TU COMPRENAIS LE JAPONAIS.

BLAGUE 181

TROIS GARS VEULENT ENTRER AU FBI.

L'AGENT LEUR DIT :

— POUR ÊTRE ADMIS, IL FAUT RÉSOUDRE CETTE ÉNIGME EN MOINS DE 10 SECONDES.

LE PREMIER LIT LA FEUILLE, PANIQUE, ET ABANDONNE.

LE DEUXIÈME RÉPOND COMPLÈTEMENT À CÔTÉ.

LE TROISIÈME DÉCHIRE LE PAPIER.

L'AGENT, SURPRIS :

— POURQUOI T'AS FAIT ÇA ?

— VOUS AVEZ DIT : MISSION TOP SECRÈTE. J'AI EFFACÉ LES PREUVES.

BLAGUE 182

-TU T'ES DÉJÀ FAIT POURSUIVRE PAR UN ÉCUREUIL ?

- NON, POURQUOI ?

-PARCE QUE T'AS UNE TÊTE DE GLAND !

BLAGUE 183

C'EST TOTO QUI MARCHE DANS LA RUE AVEC SON PÈRE PUIS IL DIT:

TOTO: REGARDE PAPA UN AVION!

SON PÈRE: OUI TOTO J'AI VU.

TOTO: REGARDE PAPA UNE VOITURE.

SON PÈRE : OUI TOTO J'AI ENCORE VU.

TOTO: REGARD PA..

SON PÈRE: OUI J'AI VU.....

TOTO: BEN NON PAPA LA PREUVE T'AS MARCHÉ DEDANS.

BLAGUE 184

UN HOMME ENTRE DANS LE CABINET MÉDICAL, LE DOCTEUR L'EXAMINE

— ÉCOUTEZ... VOUS ÊTES GRAVEMENT MALADE. VOTRE ÉTAT EST CRITIQUE.

LE PATIENT PÂLIT.

— ET... LA BONNE NOUVELLE ?

LE MÉDECIN REGARDE SON AGENDA, LÈVE LES YEUX ET DIT :

— C'EST QUE J'AI TROUVÉ UN AUTRE PATIENT POUR OCCUPER VOTRE CRÉNEAU DE JEUDI PROCHAIN.

BLAGUE 185

DANS SON CABINET, LE DENTISTE À DES POSTERS DE DENTS ET DE GENCIVES, LE VÉTÉRINAIRE À DES POSTERS D'ANIMAUX, HEUREUSEMENT QUE LE GÉNYCOLOGUE N'EST PAS TRÈS DÉCO!!!

BLAGUE 186

UN JEUNE HOMME ACCOMPAGNE SON MEILLEUR AMI QUI REND VISITE À SA GRAND-MÈRE ÂGÉE.
DÈS L'ARRIVÉE DES DEUX GAILLARDS, LA GRAND-MÈRE DEMANDE À SON PETIT-FILS DE RÉPARER UNE FUITE À L'ÉVIER DE LA CUISINE. CELUI-CI S'EXÉCUTE ET PENDANT QU'IL EST OCCUPÉ, LA PETITE DAME INVITE L'AMI EN QUESTION À PRENDRE UN VERRE DANS LE SALON. AVEC SON VERRE, LE GARÇON DÉCOUVRE UNE ASSIETTE DE CACAHUÈTES POSÉE SUR LA PETITE TABLE DU SALON. IL COMMENCE GOULÛMENT À LES AVALER UNE PAR UNE, RÉALISANT UN PEU TROP TARD QU'IL A FINI L'ASSIETTE. AU MOMENT, DE PRENDRE CONGÉ, IL REMERCIE CHALEUREUSEMENT LA GRAND-MÈRE DE SON AMI :
- AU FAIT MERCI POUR LES CACAHUÈTES... J'ESPÈRE NE PAS EN AVOIR ABUSÉ, JE NE VOUS EN AI MÊME PAS LAISSÉ UNE SEULE.
 LA GRAND-MÈRE, AIMABLE, RÉPOND :
- NON DE TOUTE FAÇON JE NE PEUX PAS LES MANGER. DEPUIS QUE J'AI PERDU MES DENTS JE ME CONTENTE DE SUCER LE CHOCOLAT QU'IL Y A AUTOUR

BLAGUE 187

UN GARS ENTRE DANS UN SALON DE TATOUAGE :

— JE VEUX UN TATOUAGE ORIGINAL, UN TRUC QUI ME REPRÉSENTE.

LE TATOUEUR LUI DEMANDE :

— UNE TÊTE DE LION SUR LE TORSE ?

— NON.

— UN AIGLE SUR L'ÉPAULE ?

— NON PLUS.

— ALORS QU'EST-CE QUE VOUS VOULEZ ?

— UN RÉVEIL MATIN SUR LE BRAS.

— ...POURQUOI ?

— COMME ÇA, J'AURAI TOUJOURS UNE EXCUSE POUR MES RETARDS.

BLAGUE 188

GARS: TU VEUX SAVOIR POURQUOI J'AI APPELÉ MON ZIZI LA VIE ?

FILLE: VAS-Y.

GARS: PARCE QUE LA VIE EST DURE.

FILLE: OUI MAIS LA VIE EST COURTE.

BLAGUE 189

UN PETIT GARÇON RENTRE DE L'ÉCOLE ET DIT À SON PÈRE :

— PAPA, C'EST VRAI QU'ON EST TOUS DES POUSSIÈRES D'ÉTOILES ?

— OUI, C'EST UNE BELLE FAÇON DE LE DIRE.

— BEN ALORS POURQUOI MAMAN DIT QUE JE VIENS D'UN ACCIDENT DE CAPOTE ?

BLAGUE 190

À LA MATERNITÉ, UN HOMME DEMANDE À L'INFIRMIÈRE, INQUIET :

-EST-CE QUE MON NOUVEAU FILS ME RESSEMBLE ?

-OUI MAIS CE N'EST PAS GRAVE, L'ESSENTIEL C'EST QU'IL SOIT EN BONNE SANTÉ ! !

BLAGUE 191

LE PÈRE EN COLÈRE:

- NON MAIS, TU AS VU TES NOTES, TOTO ! C'EST LAMENTABLE. JE VOUDRAIS BIEN SAVOIR SI TON COPAIN ERNEST RENTRE CHEZ LUI AVEC DES 0 ET DES 5 SUR 20 SUR SON CARNET...

TOTO :

- NON, MAIS LUI C'EST DIFFÉRENT, SES PARENTS SONT INTELLIGENTS...

BLAGUE 192

À QUEL MOMENT L'ACNÉ DEVIENT CRITIQUE?

QUAND LES AVEUGLES COMMENCENT A LIRE DANS TON VISAGE.

BLAGUE 193

-MA FEMME ME CROIT ROMANTIQUE PARCE QUE JE L'APELLE "CHÉRIE, MON AMOUR,"...

-ET PUIS ?

-EN FAIT J'AI JUSTE OUBLIÉ SON PRÉNOM...

BLAGUE 194

UN GARÇON ENVOIE DES TEXTOS À UNE FILLE :"

- TES DENTS RESSEMBLENT À DES ÉTOILES .

- MERCI :) !

- OUI, SI JAUNE ET SI DISTANTE LES UNE DES AUTRES !"

BLAGUE 195

C'EST UNE FEMME QUI RENTRE CHEZ ELLE TOTALEMENT PANIQUÉ :

- CHÉRI ! LE CHAUFFEUR A ESSAYÉ DE ME ROULER DESSUS ! IL A VOULU ME TUER ! IL FAUT ABSOLUMENT LE RENVOYER !

- MAIS VOYONS ! LAISSE-LUI AU MOINS UNE SECONDE CHANCE !

BLAGUE 196

LES BONNES MAMANS TE LAISSE LECHER LE BATTEUR...

LES MEILLEURES MAMANS L'ÉTEIGNENT D'ABORD.

BLAGUE 197

UN HOMME DIT À SA FEMME :

— TU SAIS, J'AI TOUJOURS RESPECTÉ TA MÈRE.

— C'EST VRAI, TU AS ÉTÉ EXEMPLAIRE.

— ET J'ESPÈRE QU'UN JOUR ELLE ME RENDRA CE RESPECT... EN ARRÊTANT DE VENIR TOUS LES DIMANCHES !

BLAGUE 198

UN GARS À UNE FILLE :

- TU VIENS À MA SOIRÉE DÉGUISÉE FRUITS DE MER ET POISSONS ?

- OUI AVEC PLAISIR !

- TANT MIEUX IL MANQUAIT JUSTE UN THON

BLAGUE 199

UN HOMME PRÉSENTE SA NOUVELLE VOITURE À SA COPINE BLONDE :

- ELLE EST FORMIDABLE ET VA TRÈS VITE, L'AUTRE JOUR ON EST MONTÉ À 200 !

LA BLONDE LUI RÉPOND D'UN AIR ÉTONNÉ :

- BAH DIS DONC, VOUS DEVIEZ ÊTRE VACHEMENT SERRÉS !

BLAGUE 200

— J'AI APPELÉ MON CHIEN "WIFI".

— POURQUOI ?

— PARCE QU'IL SE BARRE DÈS QUE J'AI BESOIN DE LUI.